Guide pratique de la VAE

pour les travailleurs sociaux

Guide pratique de la VAE
pour les travailleurs sociaux

Annick Belzeaux
Raymonde Verout

DUNOD

ISBN 978-2-10-051744-2

Sommaire

ANNEXES

Introduction

De multiples raisons mènent à la VAE, votre trajectoire est évidemment singulière, vous n'avez pas fait le chemin « classique » menant au diplôme visé. Vie personnelle ? obstacle du concours ? ennui sur les bancs de l'école ? faisant fonction ? C'est reconnu chacun, aura ses raisons et ses motivations pour s'engager dans la démarche de VAE.

Ce sera la VAE, c'est décidé. Vous pensez donc avoir les compétences nécessaires pour obtenir ce diplôme. Toutes les compétences ? une partie des compétences ? Il sera bon pour vous de tenter de répondre à ces questions au cours des mois à venir et surtout avant le jury final chargé de reconnaître les acquis issus de votre expérience.

Du parcours du combattant à la simple formalité, vous aurez à franchir des obstacles et des lieux communs avant d'entreprendre la démarche. Vous allez être confronté à de multiples représentations concernant ce dispositif, avec des parcours singuliers, des expériences et des profils de candidats montrant leur diversité. La décision de s'engager dans cette démarche est plus ou moins soutenue par les employeurs. Vous serez seul malgré les encouragements.

Diplôme au rabais ? compétences limitées aux expériences transposables ? dévalorisation du métier ? Les questionnements sont nombreux. Vous serez séduit dans un premier temps par la possibilité de faire reconnaître votre expérience, mais vous allez aussi vous heurter à vos peurs et à vos craintes : comment procéder ? qu'est-ce qu'une expérience significative ? ai-je réellement acquis les compétences énoncées dans le référentiel métier ?

Contrairement à un parcours de formation classique où les repères sont nombreux pour s'auto-évaluer : contrôles continus, évaluation de stage, bilan avec les formateurs... Ici, vous n'avez pas d'échelle pour mesurer vos compétences et vos connaissances. Vous exercez un métier sous le regard de vos collègues, de vos supérieurs hiérarchiques, vous pensez être plutôt un bon (ou assez bon) professionnel, et selon les cas, vous êtes toujours en recherche de légitimité.

Et si personne ne doute de vos compétences, il s'agira pour vous de les exposer, de montrer et démontrer ce que vous avez acquis dans votre expérience particulière et pour finir, vous exposer vous-même.

La première nécessité qui se présente à vous est de comprendre, dans un dédale d'informations, multiples et parfois contradictoires, quelle est cette démarche. Car c'est bien d'une démarche et d'un processus dont il faut parler. La VAE s'annonce déjà comme un véritable bouleversement dans le champ de la formation puisqu'il est maintenant admis qu'en dehors des bancs de l'école et des savoirs académiques, les connaissances peuvent s'acquérir par l'expérience.

La seconde étape à franchir avant l'engagement dans ce processus est de se repérer au sein des documents administratifs, des interlocuteurs, et des écrits à utiliser...

Viendra enfin le Livret 2...

Un certain découragement va peut-être vous saisir : « par quoi commencer » ? « Le référentiel métier, c'est du chinois ». En trois mots : « Comment fait-on ? »

Fortes de notre expérience de l'accompagnement VAE, il nous a paru indispensable de proposer un guide de la démarche VAE en travail social. La plupart du temps l'accompagnement se déroule dans la limite de vingt-quatre heures : le congé VAE. Vingt-quatre heures, c'est peu, juste le temps de donner aux candidats des clefs pour s'approprier leur Livret 2. Mais que faire de clefs si elles ne font qu'entrouvrir des portes ?

La complexité de conjuguer l'action professionnelle et le temps de la réflexion entraîne les candidats à ne pas avoir le temps de se poser pour analyser et repérer leurs compétences. En général, ce qui amène le professionnel à s'interroger c'est lorsqu'il rencontre des difficultés et des dysfonctionnements. Par contre il oublie souvent de repérer ce qui est réussi dans son parcours et son expérience professionnelle.

La VAE se rapproche d'une « auto-formation continue ». Les prétendants sont pour la plupart en cours d'emploi mais aussi chargés de famille et les vingt-quatre heures viennent donc se « frictionner » à d'autres heures déjà bien remplies. Si l'arrivée (ou le retour) en établissement de formation leur donne une impulsion positive tout au long des vingt-quatre heures, le terme de la session les laisse souvent sur leur faim. L'idée est donc de vous proposer de continuer votre démarche au travers d'un guide dans lequel vous pourrez trouver les réponses à des questions que vous vous posez au départ ou que vous n'avez pas eu le temps de poser pendant l'accompagnement.

Les candidats sont demandeurs de documentation et d'écrits sur la méthode ou, trop souvent, de recettes pour remplir leur fameux Livret 2.

Il n'est pas question pour nous de vous proposer un « livre de recettes ». Loin s'en faut. Comme nous le vérifions tous les jours, chaque livret est unique car chaque expérience est unique. Prenons donc cet ouvrage pour ce qu'il est : un guide. Un guide pour aider, accompagner, éclairer en ouvrant le chemin. Un outil qui va vous permettre de vous orienter quand les méandres de votre expérience s'entrelacent. Il est simple, pratique et illustré d'exemples et d'anecdotes. Nul doute que chacun d'entre vous saura y retrouver un récit ou un commentaire qui résonnent dans sa pratique.

Ce guide est surtout un outil essentiel pour ceux qui n'ont pas été accompagnés et un outil complémentaire pour ceux qui l'ont été. Il doit sa spécificité au fait qu'il soit axé sur les métiers de l'intervention sociale dont les deux grandes caractéristiques sont : une déontologie et une méthodologie d'intervention dans la relation d'aide. De ce fait, la place de l'usager y est centrale.

Cet ouvrage se déclinera en six chapitres où le candidat VAE pourra distinguer alternativement, les grandes lignes qui construisent tout parcours VAE et des éclairages plus spécifiques : le cadre législatif, la démarche administrative, les étapes à franchir, le fait d'être accompagné ou pas, la rédaction du Livret 2, etc. Mais aussi tout ce qui construit la singularité des métiers de l'intervention sociale.

À une partie plus généraliste sur la VAE en travail social, suit systématiquement une partie plus spécialisée. Ainsi toute rubrique amorcée précédemment est ensuite analysée et fouillée dans la suivante. Vous y trouverez des pistes pour repérer vos compétences, les nommer et les associer à des concepts et à un référentiel. Exemples concrets et anecdotes viendront vous éclairer pour avancer dans votre propre expérience et vous aider ainsi à formaliser par écrit des situations de travail argumentées, vivantes et personnalisées.

Dans une seconde partie nous présenterons des fiches « diplôme par diplôme », étayées d'exemples et de conseils, simples et documentés pour que vous vous sentiez vraiment accompagné, quel que soit votre niveau.

Enfin, une série d'annexes pratiques viendra achever cet ouvrage : des résumés des différentes lois incontournables de l'action sociale, des adresses et des outils très utiles pour commencer votre démarche.

PARTIE 1

LA VAE : PRÉSENTATION ET CONSEILS

Chapitre 1

Qu'est ce que la VAE en travail social ?

Dans ce premier chapitre, nous allons poser le cadre de la VAE, tant au niveau législatif qu'au niveau administratif. Vous allez ainsi pouvoir comprendre ce que représente un parcours de validation des acquis, de la demande de recevabilité à la décision du jury. Nous aborderons les différentes étapes de ce parcours ainsi que les divers documents que vous aurez à remplir et à renseigner.

LE CADRE RÉGLEMENTAIRE

Inscrite dans la loi de modernisation sociale du 17 janvier 2002[1], la VAE est un droit individuel et universel du Code du travail et du Code de l'éducation. En se substituant à la VAP (la validation des acquis professionnels[2]), la VAE vous offre la possibilité de vous qualifier sans avoir suivi un cursus de formation initiale, en apportant la preuve de vos compétences au travers des acquis de votre expérience.

1. Loi du 17 janvier 2002, annexe 1.
2. Loi du 20 juillet 1992, annexe 1.

Si la VAP accordait un allégement de formation, la VAE, elle, permet de valider tout un diplôme. Ainsi après la formation initiale, l'apprentissage et la formation professionnelle continue, elle ouvre une quatrième voie d'accès aux diplômes.

La loi de du 17 janvier 2002 dite « de modernisation sociale »

La loi repose sur les principes suivants :

- l'opportunité pour tout candidat d'obtenir tout ou partie d'un diplôme sans avoir suivi de formation initiale ;
- toute forme de certification est ouverte à la VAE (diplômes, titres, certificats) ;
- la reconnaissance de l'ensemble des compétences professionnelles, qu'elles aient été acquises par une activité salariée, non salariée ou bénévole (l'activité ayant un lien direct avec le référentiel de la certification visée) ;
- la durée de l'expérience doit être de trois ans minimum.

La VAE répond non seulement à des besoins en qualification du secteur, mais elle permet aussi aux nombreux « faisant-fonctions » (éducateurs, chefs de service...) de faire reconnaître leurs compétences. Véritable levier vers la promotion sociale et la progression professionnelle, la VAE correspond aussi à un dispositif d'insertion vers l'emploi pour des personnes peu ou pas qualifiées (auxiliaires de vie, aidants familiaux...).

Le parcours VAE

Sept étapes jalonnent le parcours VAE :

- la phase d'information et d'orientation ;
- la demande de recevabilité ;
- le Livret 1 ;
- le Livret 2 ;
- le passage devant le jury ;
- la décision du jury ;
- l'après-jury.

Quel diplôme ?

La phase d'information et d'orientation

L'expérience doit être en relation directe avec le diplôme préparé. Encore faut-il cibler le bon diplôme. On entend parfois des professionnels non

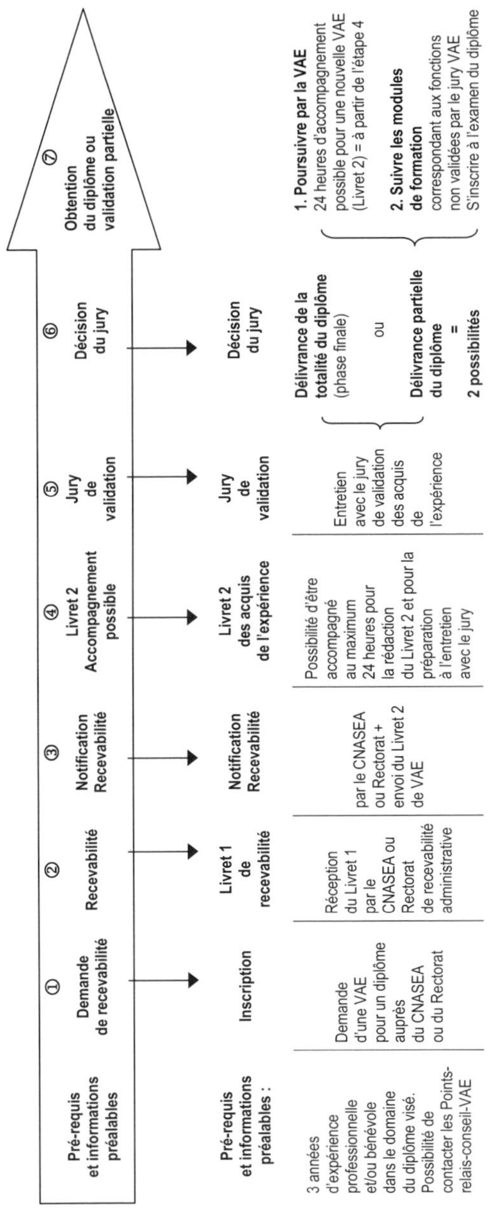

Figure 1.1. Schéma des principales étapes d'une démarche de validation des acquis de l'expérience.

titulaires, déplorer de « faire le même boulot » qu'un diplômé sans en avoir la reconnaissance. Mais est-ce vraiment « le même boulot[1] » ?

Certains paliers n'existant pas en VAE (par exemple un AMP[2] ne pouvait prétendre qu'au diplôme d'ES[3]), la marche est parfois trop grande. Avec l'arrivée de nouvelles validations les parcours de certifications tracent des trajectoires plus équilibrées. Le mauvais positionnement sur un diplôme peut engendrer une grande frustration pour le candidat lorsqu'il ne valide qu'une partie du diplôme, voire rien du tout.

Dans le champ social et médico-social, il est souvent facile de choisir une certification. Des années (dix, quinze parfois vingt années) de « faisant fonction » aident un candidat à se positionner. C'est plus difficile lorsque la personne ne peut attester que de trois années tout juste et n'a effectué, pendant cette période assez courte, que de nombreux remplacements et des tâches différentes.

Au plan national, c'est la CNCP[4] qui détient toutes les données du Répertoire national des certifications. En région, nombreux sont les lieux d'accueil et d'information VAE qui sont à même de donner des informations au plus près de l'expérience de chacun.

Où se renseigner ?

Totalement voués à la VAE et sous tutelle régionale, les points relais conseil (PRC) ont pour mission d'accueillir, d'informer et de conseiller toute personne intéressée par la VAE. Mais bon nombre de lieux d'information et de conseil peuvent aussi vous éclairer les dans votre recherche :

- les organismes paritaires collecteurs agréés (OPCA) ;
- les fonds de gestion du congé individuel de formation (FONGECIF) ;
- les missions locales ;
- les permanences d'accueil, d'information et d'orientation (PAIO) ;
- les maisons d'information sur la formation et l'emploi (MIFE) ;
- les centres d'information et d'orientation (CIO) ;
- les centres régionaux information jeunesse (CRIJ) ;
- les centres inter-institutionnels de bilan de compétences (CIBC) ;
- les centres d'information sur les droits des femmes et des familles (CDIFF) ;
- les agences nationales pour l'emploi (ANPE et leurs dérivées locales) ;

1. Voir « Investissement personnel et motivation » p. 28.
2. AMP : aide médico-psychologique.
3. ES : éducateur spécialisé.
4. CNCP : Commission nationale de la certification professionnelle.

- les syndicats.

Si vous n'êtes pas sûr du diplôme, n'hésitez pas à prendre rendez-vous avec un conseiller. C'est en le rencontrant que vous ciblerez la certification. Grâce à cette expertise maillant expérience et référentiel de compétences votre choix n'en sera que plus fin. Dans le doute il est toujours possible de demander un bilan de compétences[1] (**Tableau 1.1**).

Les établissements dispensant des modules d'accompagnement[2] sont aussi de bons relais pour vous aider dans votre choix. En effet, les équipes d'accompagnateurs connaissent parfaitement chaque diplôme et leurs référentiels.

LES MINISTÈRES CERTIFICATEURS ET LA RECEVABILITÉ

La demande de recevabilité et le Livret 1

Chaque diplôme, certificat ou titre dépend d'un ministère certificateur. Il en est de même pour la VAE. Précurseurs dans le dispositif VAP, l'Éducation nationale et Jeunesse et Sports ont ouvert la voie. Mais aucun des diplômes du secteur social n'était allégé par la VAP.

Leur obtention par la VAE requiert donc leur rénovation. Ainsi tout nouveau diplôme intègre des référentiels métiers et des référentiels de compétences. Quelquefois s'ajoute un référentiel de formation et de certification.

Seuls les diplômes d'éducateur spécialisé, d'éducateur technique spécialisé, de moniteur éducateur et de conseillère en économie sociale et familiale sont certifiés par le ministère de l'Éducation nationale. C'est donc auprès des DAVA[3] que les candidats doivent retirer leur demande de recevabilité. Les services académiques en lien avec les DRASS[4] organisent les jurys et la remise des diplômes.

Tous les autres diplômes ou certificats sont validés par les DRASS. En fait, avec la réforme des diplômes, la montée en puissance des demandes de VAE est exponentielle. Les DRASS n'ont pu suivre ce développement, faute de moyens supplémentaires mis à leur disposition. C'est le CNASEA[5] de Limoges, organisme de gestion de fonds publics, qui centralise tout le

1. Annexes.
2. Voir le chapitre sur l'accompagnement.
3. DAVA : dispositif académique de validation des acquis.
4. DRASS : direction régionale des affaires sanitaires et sociales.
5. CNASEA : Centre national pour l'aménagement des structures des exploitations agricoles.

traitement administratif de la VAE des diplômes du secteur social et médico-social. Les DRASS gardent la responsabilité des recevabilités, l'organisation des jurys et la délivrance des diplômes.

DEMANDE DE RECEVABILITÉ EN TRAVAIL SOCIAL : OÙ S'ADRESSER ?

- **ES, ETS, ME, CESF :** Services VAE des rectorats
- **Tous les autres diplômes**[1] **:** CNASEA[2]

Le livret de recevabilité ou Livret 1

C'est le « passeport » de la démarche VAE. On l'appelle « Livret 1 » ou « Livret de recevabilité ». C'est en fait le récapitulatif des activités, salariées ou bénévoles exercées en rapport avec le diplôme recherché. Pour les diplômes certifiés par le rectorat (ES, ME, ETS), il est nommé « Livret de recevabilité de la demande ». Pour tous les autres diplômes du social et du sanitaire dont la demande est traitée par le CNASEA, les formulaires sont différents et présentés sous fiches CERFA.

Dans les deux cas, le Livret 1 est constitué des éléments suivants :

- votre identité ;
- votre niveau de formation ;
- vos activités salariées ou bénévoles exercées en lien avec le diplôme ;
- le récapitulatif des documents administratifs à fournir : copie de la carte d'identité, passeport ou carte de séjour ;
- les documents attestant vos déclarations : attestation d'employeur, de président d'association ou des inscriptions URSSAF.

Enfin, à chaque fois, il vous est demandé de signer une déclaration sur l'honneur, certifiant l'authenticité des documents et stipulant que vous ne vous présentez qu'à trois diplômes au plus par année civile. Et surtout que c'est bien l'unique demande du diplôme concerné.

Le Livret 1 du CNASEA, plus administratif (nommé plusieurs fois « formulaire »...) et dissocié (attestations bénévoles et salariées à fournir séparément), a le mérite d'être doté d'une fiche explicative qui aide au mieux le candidat pour le remplir. Ce « gros CV » doit ensuite être transmis, suivant les diplômes, soit au rectorat de votre lieu de résidence, soit au CNASEA de Limoges. Les rectorats proposent en général deux sessions de dépôt, par exemple en mars et en septembre.

1. Voir liste des adresses en annexe.
2. Voir adresse en annexe.

Pour le CNASEA, il existait des fenêtres annuelles de recevabilité, au moins deux par diplôme. Parallèlement, suivant les régions, les jurys n'avaient lieu qu'une fois par an, ce qui pouvait provoquer des hiatus entre les dates de dépôt et les passages devant les jurys. Le candidat « coincé » entre des dysfonctionnements administratifs devait parfois attendre un an avant de pouvoir déposer son Livret 2...

Depuis février 2008, les fenêtres de recevabilité n'existent plus au CNASEA, les avis seront donnés de façon continue.

Quand déposer ?

Le CNASEA et les rectorats vous proposent de vous inscrire pour le jury qui suit votre recevabilité. Cela n'a qu'une valeur indicative, vous êtes libres de déposer votre livret dans un délai de trois ans. Pour vous rassurer, vous pouvez indiquer par écrit (quelle que soit l'instance) que vous ne déposerez pas à la date proposée.

Je suis recevable ! donc bientôt diplômé ?

Attention, recevabilité ne signifie pas certification. Cette étape purement administrative, répétons-le, n'est que le laissez-passer vers la démarche. C'est uniquement ici l'expérience qui est quantifiée et non les acquis de cette expérience. Il va falloir maintenant prouver que vous avez effectivement les compétences du diplôme recherché et mesurer quelles leçons vous avez tirées de cette pratique sur le terrain.

Qui peut prétendre à la VAE ?

Si vous êtes salariés, en CDI, CDD, demandeur d'emploi ou bénévole, la VAE vous est accessible si tant est que vous attestez de trois années d'expérience au vu du référentiel de compétences du diplôme recherché.

Les demandeurs d'emploi

Ce sont en général les conseils régionaux qui financent la VAE. Les requêtes sont examinées en commission après ouverture d'un dossier VAE par les services territoriaux. La plupart du temps les demandeurs d'emploi sont guidés vers le conseil régional par leur conseiller ANPE. Depuis peu, les ASSEDIC allouent des aides aux bénéficiaires des allocations chômage.

Les salariés

Si la demande émane de votre employeur, elle pourra provenir des fonds de formation internes à l'établissement.

Si la demande de VAE est à votre initiative, une prise en charge pourra être financée par un organisme paritaire (OPCA, UNIFAF, UNIFORMATION, ANFH, etc.). Cette demande fera alors l'objet d'un congé individuel VAE.

Attention, toute demande de financement auprès d'un OPCA nécessite un délai, là encore nombre de candidats se retrouvent devant des procédures qui peuvent alourdir et retarder leur entrée dans une démarche VAE.

Les bénévoles

Il se peut que vous ayez travaillé dans une association sans être salarié. Toute activité peut être étudiée pour alimenter votre capital d'expérience :

- trésorerie et gestion ;
- conduite de réunion ;
- distribution de denrées ;
- accompagnement de personnes en difficultés, etc.

Il vous faudra, là aussi, attester de ces périodes de bénévolat. Les administrateurs de ces instances associatives commencent à bien connaître la VAE et savent qu'il leur est maintenant demandé ce genre de témoignage écrit. Des formulaires existent mais une lettre signée du président peut suffire.

Il existe même, maintenant, des « carnets de vie du bénévole » où vous pouvez regrouper toutes vos actions volontaires et non rémunérées.

Le congé VAE

Il vous permet de vous absenter pendant votre temps de travail pour entreprendre une démarche VAE. D'une durée maximum de vingt-quatre heures, ce congé sera consacré à vous permettre d'être accompagné et/ou au temps de certification.

La demande de congé VAE doit être présentée au moins deux mois avant le début de la démarche. L'employeur a un mois pour répondre. Il a le choix entre accepter ou différer le congé. En aucun cas il ne peut refuser.

Certains candidats décident de préparer une VAE, hors temps de travail et surtout sans l'aval de leur employeur. C'est tout à fait autorisé et très fréquent lorsqu'un salarié ne se sent pas bien dans son travail : peur du résultat, remarques peu encourageantes des collègues ou mésentente avec l'employeur.

Si cela arrive parfois, il est tout à fait possible de mener seul une démarche VAE, mais quel dommage ! Car comme nous l'avons souvent remarqué, la VAE est facteur de changement au sein des équipes et c'est très souvent qu'une solidarité s'installe entre salariés pour aider l'un ou l'autre dans la rédaction de son livret. Dans tous les cas, il faut du temps et un peu de sérénité...

L'ACCOMPAGNEMENT VAE

Pour remplir ce Livret 2 le candidat est libre de se faire aider car l'accompagnement n'est pas obligatoire. Il est pourtant fortement conseillé de se rapprocher des différents services accompagnateurs. D'une durée d'une vingtaine d'heures en moyenne, les accompagnements peuvent toutefois être très différents.

Choisir son accompagnement

Il y a trois sortes d'accompagnement :

- le tout individuel ;
- le tout collectif ;
- le mixte des deux.

Le tout individuel

Le candidat est doté d'un référent qui lui propose un certain nombre de rendez-vous. Souvent une dizaine d'heures, pas beaucoup plus. Les heures sont programmées au départ par l'accompagnateur ou laissées au choix du candidat, ce qui lui permet de prendre contact en fonction de son avancée en écriture. Mais attention si cet accompagnement individuel est très souple, il peut aussi amener le candidat à se sentir seul et à se démoraliser très vite, jusqu'à ne plus oser interpeller son référent.

Le tout collectif

Dans ce cas, le candidat est intégré dans un groupe. Les séquences sont fixées à l'avance et la marge de manœuvre est faible. Parfois même, ces groupes sont hétérogènes avec des diplômes différents. Il nous semble risqué d'opter pour un tel accompagnement car la VAE est une démarche individuelle où rappelons-le, aucun livret ne ressemble à un autre.

Un peu des deux

Le candidat fait partie d'un groupe mais son parcours se déroule à la fois autour de plages horaires fixes (en groupe) mais aussi avec des rendez-vous, programmés ou pas, en face à face avec son référent. Ainsi son parcours n'est pas individualisé mais personnalisé. Il nous semble éclairé et plus fructueux de choisir cette dernière possibilité.

Il est important de pouvoir bénéficier d'un apport collectif même si la VAE est un droit individuel, cela n'est pas antinomique, bien au contraire. La VAE est souvent stressante, le candidat se retrouve seul devant un dossier conséquent et déstabilisant. Le fait de partager ses ressentis permet déjà d'amorcer une représentation plus sereine de cette démarche.

Le travail de groupe, à partir du moment où la taille de celui-ci n'est pas trop importante, offre une richesse que ne permet pas l'accompagnement individuel. Les échanges avec ses pairs, la diversité des contextes d'intervention, le partage des difficultés et les questions des uns qui rebondissent dans l'esprit des autres favorisent de l'ouverture, un autre regard et de la réassurance bien nécessaire par moments. Le partage peut s'effectuer en face à face, bien sûr, mais à l'heure des messageries internet, il devient maintenant plus facile d'accéder à des conseils presque immédiats et être ainsi rapidement rassuré. Il est cependant très important d'être accompagné individuellement, un suivi centré sur vos récits d'expérience et vos écrits vous apportera des réponses à des questions plus précises, plus ajustées à vos besoins.

La démarche individuelle est par contre plus adaptée à un accompagnement post-jury VAE ou même, mieux ajustée, à un candidat qui aurait construit son Livret 2 seul et qui aurait besoin d'un avis précis sur ses écrits.

Quel accompagnement ?

Vous n'êtes pas « obligé » de prendre un accompagnement mais il faut savoir que cela augmente vos chances d'élaborer un livret qui corresponde aux attentes. Il est important de ne pas se sentir seul, un regard, voire plusieurs regards extérieurs, s'avèrent bien souvent nécessaires. Les questions, les retours, les commentaires vous permettront d'approfondir, de développer certains aspects, d'apporter des précisions sur ce qui vous semble évident parfois.

L'accompagnement a pour objectif de guider le candidat à prendre de la distance entre l'action et le récit de cette action. L'aide apportée doit être ajustée à vous, votre écrit doit rester personnel. Les exemples que vous choisissez doivent correspondre à votre choix. Vous devez vous sentir soutenu, écouté mais pas dépassé par des propositions qui ne sont pas conformes ou trop éloignées de ce que vous voulez traiter et de la façon dont vous voulez l'écrire. N'hésitez pas à signifier que vous n'adhérez pas aux pistes suggérées si cela se présente.

L'accompagnement doit vous permettre de vous révéler. C'est l'échange, les questionnements et certaines méthodes d'analyse qui vous entraîneront vers une vision élargie de vos compétences. L'accompagnateur doit être « à vos côtés » pas devant ni derrière. Il doit suivre votre chemin.

L'accompagnateur doit être en phase avec les attentes du diplôme, faire des commentaires, des renvois et pointer des aspects nécessitant des ajustements tant en termes de méthodologie qu'en termes de positionnement professionnel.

L'ensemble de ce travail qui prépare l'élaboration des écrits pour le livret est également très utile à la préparation de l'entretien devant le jury.

Pour résumer un bon accompagnateur doit vous soutenir, vous écouter et ne pas être trop directif, c'est-à-dire ne pas imposer sa propre direction. C'est un professionnel qui va remplir un rôle de médiation, dans le sens où il va vous aidez à trouver vos propres pistes de travail.

L'accompagnement individuel doit s'envisager sous deux angles : la méthodologie et le positionnement dans le métier choisi :

- *la méthodologie* : votre accompagnateur connaît la démarche de la VAE, il vous aide à cibler vos exemples, à les décortiquer dans un récit oral ce qui vous permettra ensuite de passer à la phase de l'écrit. Puis un regard sur vos écrits amènera à rectifier, à améliorer la forme et la structure de votre livret ainsi qu'à approfondir l'analyse et faire émerger des liens. Vous devez, après les rencontres avec votre accompagnateur, avoir des pistes pour continuer votre travail. Chaque entretien doit être constructif à vos yeux ;
- *le positionnement dans le métier* : l'accompagnateur doit être un « expert » du métier. Il s'agit pour lui de vous signaler les écarts et les rapprochements par rapport au référentiel de compétences du métier. Deux accompagnateurs sont parfois nécessaires pour correspondre à ces deux niveaux d'exigence. En effet une bonne connaissance du diplôme ne va pas automatiquement de pair avec une bonne connaissance de la démarche de VAE et inversement.

Pour finir, des séquences d'entraînement à la soutenance face au jury de votre dossier sont également très utiles, d'autant plus que vous n'êtes pas particulièrement familiarisé comme la plupart des candidats avec ce type de situation.

Si le candidat a le choix, nous lui conseillons de se rapprocher d'un établissement de formation repéré en travail social. Beaucoup d'organismes « vendent » de l'accompagnement VAE. Mais comme nous l'avons dit plus haut, les contenus peuvent être très différents. Souvent l'accompagnement n'est que méthodologique, ce qui permet à ces « prestataires » de VAE d'optimiser le prix de revient des groupes en mélangeant les diplômes.

Il nous paraît judicieux de choisir, quelle qu'en soit la forme, un accompagnement où il y aura, bien sûr, de la méthodologie pour remplir le livret mais surtout des référents experts du métier choisi. Ainsi la démarche

VAE ne se décline pas uniquement sur la forme mais bien évidemment sur le fond.

Ce sont souvent des professionnels du secteur, directeurs, cadres mais aussi des détenteurs du diplôme choisi. Souvent ces techniciens sont très impliqués dans le domaine d'exercice de la profession (tuteur...). Qui mieux que ces personnes pourraient donner un avis plus expérimenté ?

Renseignez-vous auprès des organismes d'accompagnement et n'hésitez pas à leur demander le contenu de leurs sessions, vous les trouverez d'ailleurs pour la plupart sur leur brochure ou leur site internet.

Pour nous, la qualité d'un accompagnement se mesure à la qualification de ses accompagnateurs et aussi, bien sûr, à ses résultats. Là encore, il faudra être perspicace pour obtenir ces informations car se retrouvant dans le secteur concurrentiel, ces structures peuvent parfois donner des renseignements tronqués ou insuffisants. Prenez contact, si vous le pouvez avec des collègues qui sont déjà passés par là, posez-leur des questions sur le déroulement de l'accompagnement et, ensuite, faites votre choix.

Pour vous aider, il nous semble qu'il y a quelques critères incontournables à repérer :

- la qualité des intervenants ;
- la répartition judicieuse entre entretiens individuels et petits groupes ;
- une méthodologie efficace basée sur l'appropriation du livret et l'analyse de votre expérience ;
- des séances de préparation au jury ;
- un entretien post-jury.

Et internet ?

Peut-on se faire accompagner sur internet ? Au vu de ce que l'on y trouve actuellement, la réponse est non ! De nombreux sites proposent des Livrets 2 déjà remplis. L'accompagnement se limite le plus souvent à cela, sous couvert d'une cotisation peu onéreuse mais bien chère pour un copié-collé.

Ne vous laissez pas attirer par ces sirènes multi-médiatiques. Tout comme un livret écrit par un collègue qui travaille dans le même service que vous, ce livret préformaté sur le web ne vous apportera que déception et rancœur au moment du jury.

Internet ne peut vous être utile que pour télécharger vos livrets vierges et aussi pour que vous puissiez aller *chater* sur les forums du travail social. Là aussi soyez vigilant et clairvoyant, car les forums rassemblent souvent les ressentis des mécontents.

Quelle durée pour un bon accompagnement ?

Trois mois, six mois, neuf mois ? Tout va dépendre de vous mais aussi de votre emploi du temps. Si le congé n'est que de vingt-quatre heures, le temps passé à l'analyse de votre pratique et à son écriture pourra s'approcher d'une gestation. Certains candidats à la VAE sont pressés et croient qu'en deux mois le tour est joué. Ceux-là ne connaissent pas encore le Livret 2...

L'ENTRETIEN DE VALIDATION

Le jury VAE

Qui le constitue ?

La validation des domaines de compétences est assujettie au passage devant un jury. Sa composition et sa présidence sont conformes aux dispositions régissant le diplôme ou le certificat.

Les membres du jury varient en fonction du diplôme visé. Mais on a la garantie d'une représentation qualifiée des métiers concernés en termes de salariés ou d'employeurs. Il est de coutume de retrouver pour les diplômes du travail social des professionnels et des formateurs. Pour les diplômes relevant de l'Éducation nationale (DEES, DEME, ETS) ou de l'université (DEIS) la présence d'universitaires est régulière. Le nombre d'examinateurs peut aussi varier, le plus souvent deux, voire trois personnes. Si l'organisation est parfois simplifiée — vous pouvez vous retrouver devant deux professionnels — ne vous en étonnez pas, la représentation formelle est respectée au niveau du jury plénier.

Quelle fréquence ?

Pour les éducateurs spécialisés, les moniteurs éducateurs et les éducateurs techniques spécialisés, les jurys sont organisés par les rectorats. Les pratiques peuvent être différentes d'une académie à l'autre. Tout est possible : deux jurys par an ou bien des dates fixées en fonction des retours de dossier.

Pour les autres diplômes du travail social[1], ce sont les DRASS[2] qui organisent les sessions de certification. Les jurys se succèdent à raison d'un par année, mais là encore, pas de systématisation.

1. Hormis le CAFDES.
2. Directions régionales de l'action sanitaire et sociale, voir adresses dans l'annexe 4.

Quel est son rôle ?

Les membres du jury doivent vérifier que le Livret 2 correspond bien au référentiel de compétences. L'entretien avec le candidat est obligatoire, toutefois, « si le jury estime, à la lecture du Livret 2, que les compétences sont manifestement acquises par le candidat, celles-ci peuvent être validées sans faire l'objet de questions complémentaires lors de l'entretien[1] ». Mais ce cas est assez exceptionnel, il vous faudra donc vous préparer à l'entretien qui représente près de 40 % de la validation. Pour mieux appréhender ce moment clé de la démarche reportez-vous au chapitre « Quelques conseils pour vous préparer à l'entretien ».

L'entretien avec le jury dure environ quarante minutes. Il s'agira de présenter votre parcours et votre démarche de validation des acquis pendant une dizaine de minutes. Puis le jury procédera à un jeu de questions-réponses pour vérifier vos aptitudes.

Des questions de théorie peuvent être posées, essentiellement en lien avec votre écrit ou ce que vous venez de dire au jury. Ces questionnements sont là plus pour que vous précisiez vos représentations du métier, que pour effectuer un contrôle de connaissance. Mais c'est évidemment principalement sur votre pratique que les questions vont porter.

Les résultats des entretiens peuvent vous être communiqués le jour même après la délibération du jury plénier. Parfois il faut attendre quelques jours. Par contre, pour les diplômes régis par l'Éducation nationale, le délai est souvent plus long : quinze jours, voire un mois après l'entretien.

La validation

Le jury a trois possibilités :

- il valide tous les domaines de compétences et vous délivre le diplôme ;
- il vous accorde certains domaines de compétences ;
- il ne valide rien.

Aucune validation

Cette dernière éventualité est rare mais elle peut arriver. Cela peut résulter d'une mauvaise évaluation au niveau de la recevabilité ou bien d'un mauvais dossier doublé d'une prestation médiocre. Cela peut aussi arriver lorsqu'un candidat a la malencontreuse idée de reproduire le Livret 2 d'un autre professionnel et ainsi de ne pas pouvoir s'approprier une histoire qui n'est pas la sienne.

---

1. Décret n° 2002-615 du 26 avril 2002.

D'autres raisons sont possibles. On a pu voir lors d'un jury, un candidat ayant besoin du diplôme d'éducateur spécialisé pour alléger une formation de chef de service (dont il avait la fonction depuis plus de dix ans). Sa posture devant le jury VAE DEES a été si peu mesurée envers le DEES que le jury a sûrement décidé de le sanctionner. Vous allez vous retrouver devant des professionnels qui ont suivi le parcours initial complet et dont certains doutent encore du bien-fondé de la validation des acquis de l'expérience. Soyez humble et ne vous trompez pas de diplôme.

La non-validation des domaines ne veut pas dire que vous êtes nul ou incapable, surtout après de nombreuses années d'expérience. Cette décision veut plutôt dire que c'est la façon dont vous avez retranscrit votre expérience qui n'était pas idéale et que vous n'avez pas su transmettre les acquis de votre expérience auprès du jury.

Le résultat est consigné sur le relevé de décisions qui vous sera envoyé, quelques jours, voire quelques semaines après le jury. Ce relevé, s'il est correctement rempli par les examinateurs doit vous expliquer pourquoi la décision est si négative et doit aussi vous conseiller quant à la suite de la démarche.

Si tel n'est pas le cas, vous avez la possibilité de saisir le ministère organisateur des jurys afin d'obtenir des précisions. Un tel résultat fait souvent l'objet d'explications et d'argumentation sur un procès-verbal.

Validation totale

Dans le cas où vous validez tous les domaines de compétences, Bravo vous êtes diplômé. Votre titre vous sera envoyé ou remis de façon très protocolaire par le ministère de tutelle. Ce document a bien la même valeur que celui remis aux étudiants de formation initiale. Sur votre *curriculum vitæ*, vous serez libre de préciser que vous avez obtenu votre diplôme par la VAE.

Validation partielle

Si vous validez partiellement le diplôme pour lequel vous vous êtes engagé, le relevé de décisions sera précieux. C'est au regard des domaines de compétences acquis que vous pourrez ensuite déterminer votre parcours « post-jury ». Vous trouverez souvent le terme « post-VAE », « post-jury » nous semble mieux approprié, dans le sens où l'on peut rester dans un parcours VAE après le passage par le jury.

Après une validation partielle, deux éventualités se présentent à vous :

- entrer en formation et s'inscrire aux épreuves de certification du diplôme correspondant aux domaines de compétences qui vous manquent ;
- perdurer dans la démarche VAE, et représenter un Livret 2 en tenant compte des domaines de compétences déjà acquis.

Dans les deux cas, vous avez cinq ans (à partir de la date de votre premier passage devant le jury) pour finaliser votre parcours de validation des acquis de l'expérience.

Contester la décision du jury ?

Le jury est souverain et l'on a rarement vu un avis corrigé. Il n'empêche que si vous avez relevé un vice de forme ou bien une attitude suspecte du jury (contrôle de connaissance, intrusion dans la vie personnelle ou institutionnelle du candidat), vous avez le droit d'écrire à l'instance organisatrice des jurys VAE pour l'informer de vos remarques. Cela ne changera peut-être pas la décision mais cela aidera à l'organisation des prochaines sessions de validation.

L'APRÈS-JURY

Choisir un parcours de formation

Si vous choisissez la première possibilité : *entrer en formation,* il va falloir vous rapprocher d'un centre de formation initiale qui dispense des modules post-jury VAE. Il n'y en a pas partout. Vous devrez peut-être changer de département ou même de région.

La réforme des diplômes du travail social a permis une harmonisation des référentiels de formation[1]. Leur configuration modulaire permet désormais de faire coïncider les domaines de compétences avec les domaines de certification.

On trouve ces modules sous deux formes :

- soit vous êtes intégré dans un groupe de formation initiale ;
- soit vous faites partie d'un groupe spécifique post-jury VAE.

Ce dernier cas est fréquent car les organismes de formation commencent seulement à intégrer que la VAE est maintenant une voie d'accès au diplôme à part entière. De ce fait, certains n'ont pas encore mis en place la modularisation des diplômes.

Dans les deux cas vous bénéficierez d'un parcours individualisé de formation.

Avant de choisir d'entrer en formation, il faudra avoir l'aval de votre employeur qui devra accepter de vous laisser partir, parfois près d'une année,

1. Sauf exception, mais les diplômes qui ont échappé à cette restructuration sont en passe de connaître cette nouvelle forme.

avec tout ce que cela induit : changement au sein de l'équipe, remplacement, etc.

Il faudra aussi que vous pensiez au financement de cette formation post-jury. Pour cela rapprochez-vous de votre OPCA (UNIFAF, UNIFORMATION, ANFH...). Des crédits dédiés à cette période existent, de même que des CIF-VAE et pourquoi pas capitaliser du DIF (droit individuel à la formation)[1].

Des solutions existent, mais il faudra être pertinent dans votre demande et surtout frapper aux bonnes portes. N'hésitez pas à vous renseigner avant même votre passage devant le jury et comparez les offres, tout établissement confondu.

Choisir de constituer un nouveau Livret 2 de validation des acquis de l'expérience

Il se peut que votre employeur ne soit pas d'accord pour que vous vous absentiez aussi longtemps ou bien que vous n'ayez pu obtenir un financement. Tout simplement, il est possible qu'une entrée en formation ne fasse pas partie de votre projet. De ce fait, vous pouvez choisir de *continuer à valoriser votre expérience.*

La validation partielle de votre dossier peut venir d'un manque d'expérience dans un domaine mais aussi d'une description de situation mal présentée.

Dans cette dernière éventualité, il sera bon de faire relire par un tiers les situations inhérentes aux domaines de compétences manquants et aussi de vérifier si votre expérience cadre bien avec le référentiel.

Si c'est un manque d'expérience qui vous a été reproché, la solution est plus complexe.

Faire un stage

Il est parfois recommandé à un AMP[2] (qui postule pour une VAE moniteur éducateur ou éducateur spécialisé) qui n'a pu exercer son métier qu'auprès de personnes âgées ou handicapées, de diversifier son expérience vers la protection de l'enfance. Ce n'est pas toujours facile car, à moins d'appartenir à une grosse association, il n'est pas évident de pouvoir exercer son métier dans d'autres secteurs.

Vous avez la possibilité, toujours en accord avec votre employeur, de partir en stage, afin de rencontrer un autre public dans d'autres organisations. Ce stage et son suivi peuvent être pris en charge par votre employeur ou

1. Vingt heures par an, dans la limite de six ans, soit cent vingt heures.
2. AMP : aide médico-psychologique.

par l'OPCA dont il est adhérent. Mais vous ne pourrez contractualiser que par l'intermédiaire d'un organisme de formation. La convention sera quadripartite, entre l'OPCA, votre employeur, l'organisme de formation et vous-même.

Un nouveau congé VAE

Comme pour la rédaction de votre premier Livret 2, vous avez droit à un nouveau congé VAE de vingt-quatre heures maximum, du moment que vous faites votre nouvelle demande dans une autre année civile.

Les organismes de formation qui dispensent un accompagnement VAE sont bien rodés à ces demandes, ils vous proposeront un entretien post-jury afin d'affiner votre projet.

Ne pas rester seul

Si vous validez partiellement, voire pas du tout, certains domaines de compétences et si, par hasard, vous n'avez pas été bien accompagné dans la phase préparatoire de votre démarche, la déception sera grande et vous risquez de vous démotiver et d'abandonner.

L'entretien post-jury est alors un moment-ressource. Tout bon accompagnateur vous le propose, et même s'il n'est pas prévu dans votre convention, il existe. C'est ce que nous appelons la vingt-cinquième heure, conseillée par les OPCA mais non rémunérée... Quoi qu'il en soit, l'accompagnateur pourra vous aider à comprendre la décision du jury, d'autant plus si celle-ci vous paraît injuste.

Suivre les préconisations du jury à la lettre ?

Parfois, les candidats sont déconcertés par les préconisations du jury (quand elles sont consignées sur l'avis de recevabilité). « Le jury me demande de rentrer en formation, je ne pourrai pas trouver de financement, mon employeur n'est pas d'accord, je ne me vois pas retourner en cours... » « Le jury me demande de faire un mémoire »...

Lorsque l'on essaie de trouver un synonyme à « préconisation », on trouve « recommandation, conseil ». C'est ainsi qu'il faut considérer l'avis émis par le jury. La validation des acquis de l'expérience est un droit individuel et vous êtes souverain dans votre choix. C'est votre projet professionnel et il faut peser le pour et le contre, analyser et évaluer votre futur investissement. En aucun cas il ne vous sera reproché d'avoir suivi un avis contraire à celui du jury précédent. Et encore et toujours : prenez le temps pour décider de la suite à donner à votre démarche.

Chapitre 2

Pourquoi la VAE lorsque l'on est travailleur social ?

Votre parcours de VAE vous permettra de trouver (ou de retrouver) la cohérence de votre cheminement professionnel et son fil conducteur. Il est essentiel pour vous d'identifier les raisons qui vous poussent à entreprendre cette démarche. C'est le point de départ qui vous permettra d'évaluer au mieux les enjeux que représentent pour vous et votre environnement cet engagement. Ce positionnement initial facilitera la suite de votre parcours.

POURQUOI LA VAE

Une démarche, un processus

Vous allez vous engager dans un processus au cours duquel se succéderont différentes étapes : recueil de données, recherche de preuves, élaboration de l'écrit...

La tâche est importante mais pas insurmontable. Vous douterez de vous parfois, à d'autres moments vous retrouverez le sens de cette démarche. L'écart entre le référentiel du métier choisi et la réalité que vous percevez de vos compétences sera plus ou moins grand. Il sera nécessaire de le mesurer pour faire face à une certaine remise en question pour, éventuellement, le réduire et projeter une stratégie pour mener ce parcours complètement. On pourra parler d'une forme d'auto-formation dont vous serez acteur car se regarder agir peut en modifier la façon.

Dans cette dynamique vous vous confronterez également aux écarts entre la fiche de poste et le travail que vous effectuez réellement, c'est-à-dire le travail prescrit et le travail réel. Comment rendre compte dans un écrit, au-delà des tâches réalisées, de votre manière personnelle d'intervenir ? Dans les métiers du social la pratique professionnelle met en jeu simultanément une approche collective à travers le travail d'équipe et une mise en œuvre singulière de l'intervention. C'est dans l'articulation de ces deux dimensions que se situe votre pratique professionnelle.

Comprenez la particularité de cette démarche et imprégnez-vous de l'idée que vous êtes engagé dans un processus dont la durée sera variable selon les personnes :

> « La VAE doit s'envisager en termes de parcours, de processus. On valide, on réacquiert ce qui manque, sans que cela soit pour autant un échec[1]. »

Une stratégie personnelle

Perspectives et projets : promotion et mobilité

Vous aurez à vous poser certaines questions avant de vous projeter dans ce processus.

Après quoi courez-vous ? une stabilité professionnelle ? une meilleure reconnaissance financière ? l'occasion d'investir de nouvelles responsabilités ? de vous orienter vers de nouveaux publics ? Avez-vous eu suffisamment de situations variées dans votre expérience pour répondre aux deux questions suivantes :

- ai-je été assez « mobile » ?
- mes compétences sont-elles transférables ?

Votre projet se dessine-t-il avec une perspective d'évolution de carrière ou une promotion ? Vous pensez être le candidat idéal pour remplacer un collègue qui part en retraite et occupe un poste qui vous intéresse.

Un besoin de changer de structure, de région, de public ou de collègues se fait ressentir, bien souvent les raisons sont entremêlées. De nombreux exemples illustrent la diversité des motivations pour entreprendre la VAE, que ce soit pour valider vos compétences et obtenir une reconnaissance

1. Sylvie Godard chef de projet à UNIFAF emploi-formation : « Marathon pour un diplôme » dossier réalisé par Audrey Guiller in *ASH Magazine* n° 24, nov.-déc. 2007.

à quelques années de la retraite ou pour vous projeter dans un parcours combinant VAE partielle et formation.

Peu importe que vous soyez resté vingt-cinq ans dans la même structure auprès du même public, ce n'est pas un obstacle. La mobilité ne s'évalue pas uniquement selon ce critère, en effet on peut concevoir la mobilité lorsqu'à l'intérieur d'une même structure vous avez su vous inscrire sur des nouveaux projets, en prenant toujours en compte les évolutions des textes, du contexte, de l'environnement politique et social.

Votre capacité à « bouger » s'observe tant à votre parcours de formation qu'à votre implication dans des groupes de travail, les journées d'études... qui vous ont permis d'être attentif d'une part aux évolutions des connaissances concernant le public et d'autre part aux réflexions sur les pratiques et les techniques en lien avec l'exercice de votre métier.

Donner du sens à son parcours

Il s'agit de retrouver le fil conducteur et la cohérence qui traverse les différentes expériences vécues dans le parcours scolaire, les formations et les postes occupés.

> ***Exemple***
>
> Thomas prépare une VAE d'éducateur spécialisé : « Moi ce n'est pas pour les responsabilités que je fais la VAE, quand les collègues me disent tu vas évoluer, changer... c'est pour finir quelque chose que je n'ai pas pu encore terminer, je n'aimais pas aller à l'école. Boucler, revenir là où j'en étais quand j'étais jeune. Je ne pourrai pas partir en retraite dans douze ans sans avoir bouclé. »

Votre capacité à évoluer, à progresser ne s'évalue pas uniquement aux déplacements géographiques vous pouvez avoir beaucoup « bougé » en devenant « pointu » dans un domaine très spécifique, par exemple celui de l'autisme et devenir dans l'institution une sorte de personne experte apportant sa contribution à la réflexion générale de l'équipe par des apports pertinents.

> ***Exemple***
>
> Bernard, AMP, travaille dans un foyer d'hébergement pour adultes déficients intellectuels. Il s'est beaucoup intéressé à la question du vieillissement et à l'avenir des personnes handicapées ainsi qu'à la question de leur retraite. Il est devenu très compétent sur cette thématique, par conséquent il est parfois sollicité pour intervenir au cours de séquences de formation en tant que professionnel reconnu pour la pertinence de ses approches pratiques, ainsi que pour ses aptitudes à transmettre son expérience.

Par ailleurs la « transférabilité » des compétences peut également s'observer à la façon dont on aura été exigeant tant à l'égard de la connaissance d'un seul public qu'à l'égard des méthodes de travail qu'on aura appliquées. Le travail fourni pour se former, se remettre en question, analyser ses pratiques pour évoluer. Cette volonté est une démarche de professionnalisation et de progression constante. C'est cette démarche qui est transférable à d'autres cadres d'intervention et à d'autres publics.

Il en va de même pour votre capacité à vous situer dans un environnement professionnel, à vous approprier le cadre législatif qui correspond au type de structure dans laquelle vous travaillez, à bien cerner la mission qui vous est confiée.

Une fois la preuve que vous avez acquis ces savoirs dans un contexte spécifique admise par le jury, ce dernier évaluera si votre démarche est transférable à un autre type de public, à une autre mission dans un autre cadre législatif. Les compétences reconnues ne sont pas liées au contexte mais à vous-même.

Faites le bon choix

- Lisez attentivement les définitions des métiers et les cadres d'exercice[1].
- Consultez les différents référentiels « proches ».
- Cherchez les points et les personnes conseils.

Investissement personnel et motivation

Comme nous l'avons dit précédemment, la recevabilité n'est pas la validation automatique du diplôme. Il nous est arrivé de rencontrer des candidats n'ayant rien validé lors d'un premier passage devant le jury. À la lecture des dossiers il est rapidement apparu une connaissance erronée de la démarche de la VAE. Ne vous contentez pas d'un état des lieux de vos activités.

Analyse de l'expérience, choix de situation, formalisation..., l'investissement personnel sera important et les motivations devront être fortes.

Ne comprenez pas « faire pareil », c'est-à-dire exercer la même activité et avoir les mêmes compétences. En effet, on peut voir un aide-soignant et un AMP qui ont le « même rôle », prendre soin et accompagner des résidents dans une maison de retraite par exemple, ou alors des moniteurs éducateurs qui font « pareil » disent-ils que des éducateurs spécialisés dans un établissement accueillant des adolescents.

1. Voir « Fiches de familiarisation avec les Livrets 2 » p. 86.

Mais de quoi s'agit-il précisément ? bien souvent des mêmes tâches ou des mêmes activités. Cependant chacun aura une approche spécifique en fonction de son métier.

Ne confondez pas activité et compétence, réaliser la même activité et la mener de la même manière. La question de la posture professionnelle est essentielle.

Faites le point et soyez au clair avec votre stratégie personnelle.

Évaluez les enjeux personnels et institutionnels

L'enjeu principal pour vous et de valoriser vos acquis et d'obtenir un diplôme qui reconnaît votre niveau professionnel. Lorsque vous êtes à la recherche d'une revalorisation personnelle, il s'agit pour vous de tenter de réduire l'écart entre le travail réel et la reconnaissance que vous en avez.

Les premiers candidats qui ont entrepris la démarche de la VAE ont pu entendre parfois que c'était un diplôme « au rabais » ou qu'un véritable parcours du combattant les attendait. Progressivement, on a pu constater que ces mêmes candidats réalisaient un important travail d'analyse et d'explicitation de leur pratique. Explicitation, formalisation sont des opérations qui permettent une évolution notable, voire des réajustements de la pratique professionnelle.

On peut constater au fil des années une évolution des représentations et des mentalités. Le spectre du diplôme au rabais s'est éloigné après les premiers jurys.

D'une part les candidats obtenant tout le diplôme n'étaient pas majoritaires et les parcours de formation préconisés pour compléter les diplômes relativement nombreux. D'autre part le niveau des exigences des jurys était comparable à celui en vigueur dans les épreuves du diplôme obtenu par la voie classique.

Pour finir les premiers candidats n'avaient pas tous réellement compris la démarche et ont parfois confondu avec une simple « formalité ». Ils ont dans ce cas bien souvent « essuyé les plâtres » et recommencé cette démarche en cherchant des accompagnements.

Exemple

Sylvain prépare une VAE d'éducateur spécialisé : « Avec mon DESS de sociologie je pensais que le diplôme d'éducateur spécialisé était quasiment acquis et que la rédaction du livret serait simple. Je ne m'attendais pas à ce type de travail car on n'y est pas du tout habitué il faut tout décortiquer, réécrire sans cesse et pour finir on remet beaucoup de choses en question. »

À chaque nouveau diplôme accessible par la VAE (récemment AMP ou aide-soignant) on constate ce phénomène de défiance dans un premier temps. La preuve doit être faite que ce diplôme a réellement la même valeur qu'il soit acquis par la voie de la VAE ou par la voie de la certification.

Ni présomptueux ni trop humble il s'agira d'éviter les « cela va de soi » autant que les « je n'y arriverai jamais ». Prétendre à ce diplôme est légitime (d'ailleurs vous êtes recevable n'oubliez pas), vous pouvez être suffisamment confiant et aborder ce travail avec une juste satisfaction de vous-même.

Cette position de départ donnera la « tonalité » de votre parcours : réceptif aux échanges en groupe si vous choisissez de vous faire accompagner, prêt à exposer vos expériences (et à vous exposer), à l'écoute des personnes ressources, affirmé dans vos choix. Vous retirerez autant de bénéfices que vous aurez clarifié ces aspects.

La VAE ce n'est pas tout ou rien, en tant qu'accompagnateurs nous pouvons en témoigner. Bien souvent c'est « en partie » et c'est justement cette partie qu'il vous faudra découvrir. Vous lirez (ou relirez) des documents, des ouvrages, vous redécouvrirez des situations professionnelles. Vous établirez (ou rétablirez) des liens. Ainsi votre savoir commencera à se révéler à vous-même.

Vous êtes bien positionné, confiant alors maintenant imaginez :

a) Vous réussissez et obtenez le diplôme complet. Vous sautez de joie, de plus votre chef de service n'était pas favorable, il va bien voir de quoi vous êtes capable. Certains de vos collègues (pas tous heureusement, on est dans le social !) seront dubitatifs évidemment : ils ont fait trois ans de formation, un mémoire et possèdent de solides connaissances théoriques. Mais vous avez réussi seul ou à l'aide de quelques personnes qui croyaient en vous c'est le principal.

b) Pas de chance vous n'obtenez rien ou que des peccadilles. À vos yeux, les accompagnateurs et le jury n'étaient pas à la hauteur ! Le retour sur le terrain professionnel sera moins glorieux et sans doute douloureux quel que soit le soutien que vos collègues vous ont apporté.

VAE ou formation ?

Vous entendrez parfois des objections à votre démarche du type : « Rien ne vaut une bonne formation, basée sur des fondements théoriques solides », attention entreprendre une démarche de VAE n'induit pas qu'il n'y a pas eu de formation.

Bien sûr, les formations initiales sont nombreuses parmi les candidats mais n'oubliez pas les formations dites permanentes sur des thématiques spécifiques : les écrits professionnels, l'accompagnement des fins de vie, l'analyse systémique, etc.

De nombreux candidats ont régulièrement suivi des parcours de formation soit pour approfondir des techniques éducatives ou d'accompagnement de la dépendance soit pour affirmer leur positionnement : analyse des pratiques professionnelles, communication et travail d'équipe...

La VAE, c'est aussi reconnaître que certains professionnels ont la capacité d'apprendre et de capitaliser un savoir par observation et par curiosité. En effet, ils ont su questionner leur environnement et se sont montrés désireux de le comprendre et de le connaître.

Une autre objection qui oppose formation initiale et VAE concerne la « dynamique de promotion » installée au cours des regroupements en centre de formation considérée également très importante pour la construction de l'identité professionnelle. De fait, les participants aux formations font régulièrement des commentaires qui vont dans ce sens. Ils apprécient les échanges avec leurs pairs tant à l'intérieur des séquences que dans les temps informels. Cette nécessité d'échanger avec d'autres professionnels, de confronter des pratiques et des points de vue, restera permanente tout au long de la carrière de tout intervenant du social.

Cependant il ne faut pas oublier que c'est aussi sur le terrain professionnel, bien souvent « structure apprenante », que se construit cette identité, ce qui va tout à fait avec l'évolution des textes qui ont nommé sites qualifiants les terrains professionnels donc renforce ainsi leur dimension formatrice.

C'est aussi un enjeu pour le secteur social que d'avoir des intervenants qualifiés.

Évaluez dans quel contexte vous faites votre VAE et mettez à distance les esprits malveillants ou qui n'ont rien compris à la VAE.

Obstacles dans le processus et ressources à mobiliser

- *Mauvaise évaluation du travail à fournir* : l'analyse de son expérience est fondamentale tant pour l'écrit que pour l'oral face au jury, le travail à fournir demande plusieurs mois, se méfier des prototypes qui circulent sur internet.
- *Difficulté à entrer dans la démarche* : crainte de se « justifier ». Il est indispensable de faire une bonne évaluation du diplôme choisi et de prendre le temps de la réflexion sur le positionnement de départ.
- *Manque d'assurance* : vision survalorisée de ses activités, manque d'expression sur le terrain professionnel, besoin de reconnaissance.
- *Phase de découragement* : parlez-en avec votre accompagnateur et évitez que le temps nécessaire à la maturation ne vous entraîne vers une démobilisation de votre projet.

QU'EST-CE L'EXPÉRIENCE ?

Définir

L'origine du mot vient du latin *experi* « faire l'essai de... » (*Petit Robert*). Parmi les différents sens attribués à expérience nous distinguons « le fait d'éprouver quelque chose considéré comme un élargissement ou un enrichissement de la connaissance, du savoir des aptitudes » (*Petit Robert*).

Comme vous avez pu le voir, trois années d'expérience sont au minimum requises cela implique qu'un temps plus réduit ne permettrait pas en théorie d'acquérir des compétences, des savoir-faire similaires à ceux attendus dans le diplôme visé.

La durée de votre expérience a favorisé la constitution d'un capital d'acquis, cependant si les savoir-faire et savoirs sont bien ancrés, intégrés, vos pratiques sont bien souvent automatiques. Dès lors la question est de savoir comment vous allez prendre la mesure de ce que vous a apporté cette expérience car « l'expérience n'est jamais pleinement donnée *a priori*. Il y a certainement des habilités, des savoir-faire, des automatismes et des connaissances — ce que l'on nomme d'ordinaire expérience — sortes de traces laissées dans le sujet par le vécu de ses pratiques de niveau professionnel. Mais cela ne suffit pas à ce qu'il ait pleinement conscience, qu'il les mette en mots et les relie aux compétences et savoir-faire requis par le diplôme. De sorte que pour qu'un ensemble de pratiques réalisées par un acteur professionnel ou bénévole fasse *véritablement expérience*, il lui faut non seulement se les remémorer mais encore les réfléchir, les organiser, saisir en elles ce qu'elles lui ont permis d'apprendre et de mettre en œuvre, les évaluer au sens premier d'en saisir les valeurs[1] ».

Comprenez donc que votre expérience est unique, vous seul pouvez faire l'effort de mémoire et d'analyse. Vous seul êtes en capacité de mesurer ce que votre expérience vous a enseigné. L'accompagnement vous aidera à constituer votre parcours et à faire émerger en vous comment, à partir de votre implication personnelle, votre démarche ne peut être que volontaire car dans les mêmes conditions d'exercice, face aux mêmes situations, d'autres n'en tireront pas les mêmes acquis.

La VAE permet de reconnaître au terrain professionnel (services ou établissements) les efforts fournis en matière de formation ainsi que les richesses issues du travail au sein d'équipe pluridisciplinaire. Ce qui sera demandé dans les domaines de compétences tout diplôme confondu.

1. LAINÉ A., *Quand l'expérience se fait savoir. L'accompagnement en validation des acquis*, Ramonville Saint-Agne, Érès, coll. « Trames », 2006, p. 12.

Le terrain professionnel avec toutes ses composantes est également un grand participant à la formation et à l'auto-formation pour peu que la personne s'en empare. En effet la place accordée à la formation (journée en *intra*, réflexion pédagogique...) est conséquente dans le champ social.

Se regarder marcher

Une difficulté majeure que pose la question de l'expérience dans le cadre de la VAE est qu'elle se déroule au présent bien souvent. En effet la VAE c'est parler, écrire à propos de son expérience alors qu'elle est en train de se vivre. C'est une façon de regarder en arrière, d'arrêter le temps et d'être simultanément en dedans et en dehors de l'action. Bien souvent les candidats que nous rencontrons illustrent cette pratique en disant : « se regarder marcher ».

Il est bon de ne pas perdre de vue que votre expérience vous donne accès à la VAE mais que ce sont les acquis (nous ne le répéterons jamais assez) qui seront validés. Trois années de pratique professionnelle sont indispensables, nécessaires mais pas toujours suffisantes pour valider ce que vous souhaitez obtenir. Le contexte professionnel dans lequel vous exercez, les postes que vous avez occupés les méthodes et responsabilités que l'on vous a confiées sont également des éléments à prendre en compte. Vérifiez bien les correspondances entre vos lieux d'exercice et ceux du référentiel du métier visé[1]. Par exemple il n'est pas toujours aisé d'entreprendre une VAE lorsqu'on est sur un poste de remplaçant sans réellement pouvoir suivre les projets individuels ou lorsqu'on est sur un poste de surveillant de nuit de faire une VAE d'AMP.

Une solution possible est de demander à votre employeur, s'il adhère à votre démarche, d'aménager votre poste et de vous permettre ainsi d'expérimenter certaines activités.

Identifier, trier, organiser

Un travail de mémorisation est inéluctable, expérience et mémoire sont liées. Et ce, de plus en plus précisément au long de la constitution du dossier : c'est dans les détails et dans la précision restitués que se montrent les acquis. C'est progressivement au long de votre travail qu'un certain tri et une organisation se mettront en place. Dans un premier temps laissez-vous aller au désordre de la mémoire et constituez un matériau de base composé d'exemples et de situations diverses.

Ce n'est guère rassurant mais c'est dans cette mine de souvenirs professionnels que vous choisirez ce qui est le plus significatif pour votre dossier.

1. Voir fiches de familiarisation, définition des métiers et lieux d'exercice.

Ne vous inquiétez pas tout est bon, ce travail n'est pas inutile il constitue la partie immergée de votre savoir. Tel un iceberg, tout ne peut pas être visible : entre le faire et le dire il y a une certaine déperdition. Lorsque vous serez conscient de l'étendue de cette partie, elle se révélera plus riche que vous ne le supposez.

C'est ensuite que la phase de tri arrivera, vous choisirez ce qui est le plus judicieux et le plus utile pour votre écrit. Cela concerne tout particulièrement les exemples et situations que vous allez présenter.

Bien souvent les candidats voient leurs expériences de façon limitée, partielle. Ce qui est actuel ou proportionnellement massif est mis au jour aisément.

L'exploration doit être large mais suffisamment cernée pour correspondre au diplôme visé ou parfois plus précisément au niveau de ce diplôme ; en effet certaines activités peuvent correspondre à des niveaux différents de diplôme, par exemple :

- établir une relation éducative (correspond tant à un AMP qu'à un ES ou ME) ;
- établir une relation d'aide dans la proximité (AMP, ES, ME, aide-soignant) ;
- mener des entretiens avec des familles (AS, ES, MF, ME, CAFERUIS...) ;
- participer à l'élaboration de projets éducatifs (ME, ES, AMP...).

De nombreux exemples illustrent ce propos ; il faut en déduire que réaliser les mêmes tâches n'est pas suffisant pour affirmer avoir les mêmes pratiques et prétendre au même diplôme.

Exemples

Sophie a obtenu son diplôme du DEAVS en 2003. Encouragée et satisfaite de cette réussite, elle décide en 2007 d'entreprendre une VAE TISF. Après avoir confronté les activités qu'elle réalise et le référentiel du métier TISF, elle s'engage en misant sur l'obtention de deux domaines de compétences. Le diplôme d'AVS lui permet de valider automatiquement un domaine de compétences correspondant aux activités de la vie quotidienne. Ce parcours combinant VAE et formation a été réalisé en deux temps.

Sylvain et Marie occupent le même poste et réalisent les mêmes activités dans un organisme chargé de l'insertion des jeunes (sociale et professionnelle) en comparant leurs activités et les référentiels ils arrivent à des conclusions différentes l'un s'engagera dans une VAE éducateur spécialisé l'autre dans une VAE assistant de service social. Leurs projets sont différents, leurs formations d'origine également : études de psychologie pour l'une et études juridiques pour l'autre. Chacun a évalué les chances d'obtention de certains domaines de compétences et les parcours de formation éventuels.

Quelques réactions observées

Nous avons quelquefois entendu les remarques suivantes :

« Mon expérience est validée par mon employeur et mes collègues parce que dans l'établissement où je travaille on me dit que je suis compétent, d'ailleurs mon contrat n'a pas été remis en question. » Il est évident que le professionnel qui remplit son rôle de façon satisfaisante et qui en a des retours doit y voir un encouragement supplémentaire à s'engager dans la démarche.

« Mon expérience est complexe et diverse. » Comment rendre compte de cette complexité dans un écrit de quelques dizaines de pages ? Il s'agira pour vous dans ce cas de faire des choix dans les situations présentées et analysées, l'accompagnement est utile pour vous aider à sélectionner les expériences les plus significatives.

« Mon expérience actuelle n'est pas significative du diplôme demandé » : à partir du moment où il y a recevabilité vous pouvez vous appuyer sur des expériences antérieures et terminées, toute la difficulté sera d'ajuster dans votre livret 2 la posture professionnelle adéquate au diplôme demandé.

Exemple

Philippe est actuellement sur un poste de chef de service et souhaite en faire la formation. Moniteur éducateur de formation d'origine, il entreprend une VAE d'éducateur spécialisé pour accéder à la formation CAFERUIS. Il doit prendre appui pour la réalisation de son Livret 2 sur des situations un peu lointaines tant dans le temps que dans la mémoire de sa pratique qui a changé dans son nouveau rôle. Il devra faire un effort pour décaler momentanément sa posture professionnelle et se resituer en tant qu'éducateur.

QU'EST CE QUE LES ACQUIS ?

Les acquis

Reconnaître des acquis de votre expérience veut dire que vous avez su « apprendre » par les mises en situations professionnelles. Apprendre quoi ? des savoirs, des connaissances à propos du comment agir, du comment réfléchir, réfléchir à votre rôle, votre place. Il s'agit de savoir-être, de savoir-faire, de savoirs...

Vous saurez dire quelles sont les « leçons » que vous avez tirées de vos expériences.

Il y a évidemment une idée de répétition ; par exemple, pour un auxiliaire de vie sociale repérer comment « agir avec une personne dépendante au moment du coucher » : il faut qu'il ait vécu les situations dans des contextes différents, car c'est dans le renouvellement de cette expérience qu'il pourra en extraire et identifier des acquis.

Les acquis sont intégrés, évidents et on a tendance à ne pas détailler une action qui fonctionne d'une manière naturelle. Lorsqu'on est dans l'action on ne perçoit pas tous les savoirs qui sont mis en œuvre.

Selon la définition *du Petit Robert*, « savoir acquis, expérience acquise constituant une espèce de capital ».

Il s'agit donc bien d'un processus d'apprentissage et d'assimilation d'un ensemble de connaissances qui est mis à l'œuvre et qui se traduit par des savoirs et des savoir-faire (pratiques, relationnels et techniques).

Prenez, par exemple, l'action de conduire un entretien qui met en œuvre ces différents savoirs. La mobilisation de ces acquis permet d'intervenir avec un « savoir-agir[1] ».

C'est dans l'action que se combine l'ensemble des ressources et des savoirs qui permettent au professionnel de régler des questions précises et d'atteindre un but visé :

> « Agir avec compétence consiste à mettre en œuvre une séquence d'actions qui résulte d'un mode opératoire transposable à des situations semblables. Une personne est compétente si elle est capable non seulement de réussir une action, mais aussi d'expliquer pourquoi et comment elle s'y prend pour agir[2]. »

Identifier les difficultés

Les acquis sont donc des savoirs et des compétences intégrés, par conséquent les principales difficultés que vous allez rencontrer dans la démarche de VAE à cette phase d'identification (des acquis) peut se résumer ainsi :

- agir et nommer l'action simultanément ;
- décrire l'action et identifier les acquis (l'ensemble des savoirs) ;
- repérer :
  - qu'est ce que je sais ?
  - pourquoi je sais ce que je sais ?
  - comment ai-je appris ?

Il est indispensable de « décortiquer » pour mieux écrire et mieux dire. L'accompagnement a pour objectif de vous permettre de prendre du recul

1. LE BOTERF G., *De la compétence et d'organisation*, 1997, p. 13.
2. JOSSE C., *Réussir sa démarche de VAE*, Paris, Dunod, 2006, p. 13.

par rapport à l'action. Vous ne direz jamais tout à fait tout, il y a des processus de sélection, de réorganisation et de reconstruction. Cependant, il est nécessaire de viser dans un premier temps une mise à plat de votre expérience.

Cette phase induit une remise en question, une réflexion sur son parcours. Les acquis sont capitalisés depuis plusieurs années et les liens avec la pratique professionnelle actuelle ne sont pas toujours bien visibles.

Auto-formation

La démarche de la VAE implique chez le candidat la capacité à tirer des leçons de ses expériences, d'acquérir des savoirs qui ne sont pas dispensés sur un mode académique tels que les formations le proposent habituellement, même si elles comportent chacune plusieurs semaines à plusieurs mois de stage.

Cette capacité à s'auto-former présente bien souvent de fait, sera renforcée par la démarche de VAE. En effet la prise de recul, la formalisation de l'action est un acte formateur. La verbalisation des pratiques favorise la réflexion et la distanciation.

Exemple

Agnès anime un atelier « d'expression » auprès d'un public d'adolescents présentant une déficience légère associée à des troubles de la personnalité et du comportement. Après un parcours de formation universitaire, elle s'oriente vers l'animation et exerce pendant plusieurs années auprès de publics en difficultés :

« Je me suis nourri de lectures, de rencontres, de stages, de formation et d'expériences diverses pour alimenter mes réflexions sur le type d'accompagnement à leur proposer. J'ai aussi fait un détour par des formations à différentes pratiques artistiques (arts plastiques, théâtre) afin de diversifier mes compétences et proposer à ces publics d'autres moyens d'expression.

Au fur et à mesure, j'ai acquis des connaissances, des compétences, en les mettant en pratique, souvent en faisant cet apprentissage au côté d'autres professionnels, le plus souvent dans des structures associatives avec des publics jeunes ou adultes.

Cet accompagnement de plusieurs mois, dispensé par l'IRTS qui offre formations, stages et accompagnement, m'a permis de faire un réel retour sur moi et m'aider à rendre lisible le fil directeur de mon parcours... J'ai réellement vécu cette période comme un temps d'auto-formation mais accompagnée me permettant d'approfondir ma réflexion sur le métier d'éducateur et sur l'accompagnement éducatif. »

La question des évaluations

Dans chaque livret, il est demandé au candidat de réaliser sa propre évaluation. Il s'agit là de relever *comment* vous avez repéré les effets produits par votre action et de noter à partir de quels critères posés, vous pouvez mesurer les effets de votre intervention.

En effet, à partir du moment où le professionnel met à l'extérieur de lui-même sa pratique et pose un regard sur sa façon de faire, automatiquement il y a prise de recul et analyse de sa fonction et de sa pratique professionnelle.

Cette forme d'auto-analyse de la pratique (de plus lorsqu'elle est soutenue par un accompagnateur ou par d'autres participants à des séquences d'analyse de l'expérience) produit des effets formateurs à différents niveaux.

De fait cette partie du travail est productrice de connaissances : au moment où le candidat observe sa pratique, naturellement il s'inscrit dans un processus de transformation. Ce n'est pas en principe l'objectif initial de la VAE, cela fait partie intégrante du processus.

Un deuxième phénomène, en termes d'auto-formation, s'observe : le candidat confronté à des questions du type : « quelle est la mission de votre établissement ? » « connaissez-vous le projet d'établissement ? », entreprendra des démarches pour obtenir les renseignements. Ainsi de nombreux candidats complètent, précisent leurs savoirs et parfois découvrent à l'occasion : la MPDH, les lois 2005, 2002 ou encore des professionnels partenaires extérieurs, etc.

Au fur et à mesure du déroulement de ces recherches vous allez vous emparer de quelques lectures et de quelques éléments théoriques et ainsi éclairer votre compréhension soit du contexte institutionnel soit d'une pratique ou encore des conséquences d'une pathologie. Il ne s'agit pas de faire une formation accélérée mais de mettre en relation des éléments dits théoriques avec une pratique et une méthodologie d'interventions réelles et concrètement déjà mises en place.

À un certain niveau de validation de diplôme il est attendu que des notions fondamentales inhérentes au métier soient maîtrisées de façon conceptuelle et que des liens théorie/pratique soient clairement établis.

> « Pour autant il serait naïf de croire que la théorie soit inutile, qu'il suffise d'avoir été en situation pour détenir les savoirs et savoir-faire requis par une profession. Ou bien on se tromperait lourdement... que le savoir dérive mécaniquement de l'action, que la pratique produit directement de la connaissance[1]. »

1. LAINÉ A., *VAE, quand l'expérience se fait savoir, L'accompagnement en validation des acquis*, Ramonville Saint-Agne, Érès, coll. « Trames », 2006, p. 38.

Cela vous demandera pour que le processus soit évidemment formateur de vous investir d'être curieux. Dans cette dimension vous serez acteur de votre VAE.

Savoirs et compétences

Exemple

Jérôme en début d'accompagnement estime que sa position dans l'institution est un signe de reconnaissance de ses compétences : « Mon employeur et mes collègues me considèrent compétent et valident ainsi mon expérience sinon je ne serais plus sur mon poste. »

On peut en effet comprendre ce point de vue et cette analyse cependant les compétences restent complexes à définir au regard d'un diplôme.

De toute évidence le candidat qui se présente doit faire la preuve qu'il sait agir avec compétences dans des situations spécifiques et ne pas se situer dans des généralités.

Cela veut concrètement dire qu'il sait utiliser ses savoirs à bon escient et ce, dans un contexte bien cerné et dans un temps déterminé pour montrer sa compétence : « La compétence est indissociable de l'action[1]. »

Dans l'ensemble des livrets qui sont proposés, sont demandées des *descriptions* de situations, cela déroute bien souvent les candidats qui sont en général confrontés au « c'est trop descriptif » tout au long de leurs études et de leurs formations. C'est la logique de *montrer comment* on pratique qui permet de mettre en évidence dans des situations concrètes qu'on a agi avec compétence. Cela impose une première étape descriptive.

Progressivement, un juste milieu entre le trop détaillé et le trop général sera à trouver. Pour finir, les savoirs, les techniques, les principes d'action et tous les éléments d'analyse seront présents et seront à exposer à un moment donné du livret.

Comment peut-on savoir si on agit avec compétence ?

La compétence n'existe que parce que vous l'avez en vous et elle s'est construite, nous l'avons vu, dans la répétition, dans l'utilisation de vos connaissances et des ressources que vous pouvez mobiliser. Selon Cécile Josse, « la compétence se construit au fur et à mesure des situations rencontrées. Elle requiert d'adopter une posture réflexive vis-à-vis de sa pratique et d'analyser *a posteriori* les différents cas rencontrés, pour les

1. JOSSE C., *Réussir sa démarche de VAE*, Paris, Dunod, 2006, p. 13.

décontextualiser, c'est-à-dire trouver des invariants qui seront transposables dans un autre contexte[1] ».

Quels sont les écarts entre les effets souhaités et ceux produits par votre action ? Dans une autre situation similaire que modifieriez-vous ?

Le retour sur votre action : évaluation, analyse, réflexion, participent donc bien de la construction de vos compétences.

1. *Ibid.*

Chapitre 3

Comment démarrer ?

Dans ce troisième chapitre nous allons vous aider à amorcer votre travail de recherche de vos acquis et à entrer ainsi dans votre démarche de valorisation de votre expérience. Nous aborderons les pistes qui peuvent vous accompagner et vous soutenir dans ce processus inhabituel qui est de partir de votre pratique pour tenter d'en établir des fondements.

LIRE ET COMPRENDRE

Qui n'a jamais mis en marche un appareil avant d'en lire le mode d'emploi ? Parfois, ça marche et souvent, ça ne marche pas. C'est un peu comme cela la VAE.

Lorsque les candidats reçoivent le paquet contenant les documents VAE, ils s'empressent en général d'ouvrir le Livret 2 et pris de vertige ils le referment, quelque peu démoralisés. Si tel est votre cas, rassurez-vous, c'est presque normal.

Lors de notre première rencontre avec les prétendants à la VAE, nous leur demandons s'ils ont lu la notice d'accompagnement, très souvent ils répondent négativement.

Et pourtant, la notice d'accompagnement est incontournable !

La notice d'accompagnement

Attention, depuis quelques semaines, le CNASEA agrafe la notice d'accompagnement à la fin du Livret 2, ce qui fait, que certains candidats un peu pressés, se lancent dans la rédaction du Livret 2 sans avoir pris connaissance de la notice. Nous avons même vu lors d'un jury très récent, la notice encore agrafée au Livret 2 et bien sûr reproduite en quatre exemplaires...

Pour la plupart des diplômes du secteur, la notice d'accompagnement est composée de deux parties principales. Tout d'abord un ensemble d'informations générales relatives à la VAE et au diplôme concerné puis un guide pratique pour renseigner votre Livret 2.

Dans la première partie le candidat trouvera toutes les grandes lignes de la validation des acquis de l'expérience :

- définition ;
- étapes ;
- supports ;
- exploitation du livret par le jury.

Dans la seconde partie la notice d'accompagnement se décline en trois temps :

- comment vous approprier le Livret 2 en lien avec le référentiel professionnel ?
- comment procéder à une première analyse de votre expérience ?
- comment constituer votre livret ?

Elle est agrémentée d'un schéma simple et global du dispositif, par lequel vous comprendrez très rapidement à quelle étape vous vous situez.

Cette notice est réellement une mine d'informations pour vous aider à comprendre la démarche mais elle apporte surtout un éclaircissement quant à ce qui vous est demandé afin de ne pas être trop « hors cadre ».

Chaque chapitre du Livret 2 est analysé et expliqué sommairement dans la notice.

L'ANNEXE DE LA NOTICE D'ACCOMPAGNEMENT

C'est sans doute une partie très importante de la notice. Son titre est évocateur : « Forme que peut prendre votre récit et liste non exhaustive de documents associés, pour chaque fonction. »

Ici, la notice reprend chaque fonction ou chaque domaine de compétences en essayant de décoder les termes du référentiel. Elle apporte un éclairage très adapté du dossier en proposant des exemples de situations et d'éléments de preuve. Ces exemples ne sont pas exhaustifs, ils viennent juste illustrer la ☞

demande. Vous pouvez évidemment trouver d'autres situations spécifiques à votre pratique.

Pour vous rassurer, nous pouvons affirmer qu'en ayant été nous-mêmes jury, la notice est aussi très précieuse pour les jurys, pour la compréhension du Livret 2, au moment de sa lecture. De ce fait, si vous vous rapportez aux suggestions proposées, vous ne serez peut-être pas extrêmement original mais vous ne serez pas « hors sujet ».

Les référentiels

Ce sont les documents de référence au moment de l'évaluation par le jury en vue de la délivrance du diplôme. Ils sont élaborés en concertation avec les représentants de la profession concernée et les représentants des ministères de tutelle.

Le référentiel est essentiellement composé du référentiel d'activités professionnelles (RAP) et du référentiel de certification (RDCP) : le référentiel d'activités professionnelles décrit les activités et les tâches qui les composent, exercées par le titulaire du diplôme. Il décrit un emploi. Il est plus communément appelé « référentiel professionnel » . Ce référentiel décrit les compétences et les savoirs exigés pour l'obtention du diplôme visé. On le trouvera le plus souvent sous le nom de « référentiel de compétences ».

C'est ce dernier qui va servir de base à la validation. Il se décline en domaines de compétences (DC), en compétences et indicateurs de compétences.

Pour nombre de candidats, la lecture du référentiel les entraîne dans un vertigineux désarroi. Les compétences se déclinent en une terminologie technique et pédagogique. Aucune référence à des situations de travail dans un référentiel de compétences ne peut correspondre exactement aux situations vécues par les candidats, ni même à la façon particulière dont chacun construit son activité professionnelle au quotidien.

Pour certains, il sera plutôt aisé d'analyser le référentiel et d'y adapter son expérience. Mais pour la plupart, la schématisation de la pratique en fonctions et en domaines de compétences va provoquer un blocage dans la compréhension du document.

Cette représentation épurée et figée des compétences n'aide pas à avancer dans la démarche et c'est plutôt normal. Autant un référentiel parlera à un étudiant, bien intégré dans un cursus de formation, autant il sera opaque et obscur pour un candidat VAE, pour qui il est si difficile de traduire sa pratique ne serait-ce qu'en termes génériques.

Mais le référentiel existe et il est là, notamment pour aider à transcrire son expérience mais surtout pour valider les acquis de cette expérience car il aura été élaboré en concertation avec les représentants de la profession concernée et les représentants des ministères de tutelle. Tout comme dans le chapitre sur les éléments de preuves, nous dirons encore ici : « Partez à l'envers. » Partez non pas par les compétences mais par les indicateurs de compétences.

Ainsi, par exemple, dans le diplôme d'éducateur spécialisé, il sera plus facile de comprendre la compétence[1] « Favoriser la construction de l'identité et le développement des capacités » du DC1 en tentant de répondre directement aux indicateurs de compétences et en se disant « comment je fais ? » pour :

- savoir repérer et mobiliser les potentialités de la personne ou du groupe ;
- savoir repérer et respecter les déficiences, incapacités et handicaps ;
- savoir mettre en œuvre des actions adaptées dans le respect des droits et des aspirations de la personne ;
- savoir adopter une posture éthique ;
- savoir favoriser l'expression et la communication ;
- savoir expliciter les normes et usages sociaux ;
- savoir aider la personne à se positionner.

Le référentiel est un outil technique, il faut se l'approprier lentement afin de pouvoir l'utiliser pour mesurer et évaluer le travail qui est demandé dans la rédaction du Livret 2.

C'est en cela qu'un accompagnement VAE sera précieux, ne serait-ce que pour décoder le référentiel professionnel.

Le Livret 2 ou livret de VAE[2]

C'est un document d'une cinquantaine de pages. Il vous est envoyé par les instances tutélaires avec votre notification de recevabilité. Sa forme peut évoluer selon les diplômes.

En général la première de couverture est la même pour tous les diplômes du travail social.

Dès la première page il est dit : « Ce Livret 2 doit permettre à un jury, qui en fera lecture et analyse, d'identifier les connaissances, aptitudes et compétences que vous avez acquises dans votre expérience professionnelle salariée, non salariée ou bénévole. »

1. Pour chaque diplôme, référez-vous aux fiches « diplôme par diplôme » dans la seconde partie de cet ouvrage.
2. Plus loin dans le guide vous trouverez un chapitre sur la forme méthodologique de votre écrit et sur le Livret 2 de chaque diplôme.

Le Livret 2 débute toujours par une fiche d'identité, suivie du sommaire. Ensuite vous attestez sur l'honneur l'exactitude des informations qui figureront dans le Livret 2. Effectivement, comme nous l'avons dit précédemment, ce dossier, totalement déclaratif, engage votre loyauté et votre honnêteté de travailleur social.

Un des premiers éléments importants de votre Livret 2 se trouve sur la page suivante sous l'item « 1. Vos motivations ». La consigne tient en une phrase : « Expliquez les raisons de votre démarche et de votre choix de diplôme par rapport à votre projet professionnel ou personnel. » Pour le jury, c'est la clé d'entrée de votre Livret. Cette partie est fondamentale, ne la négligez pas. C'est le lieu pour expliquer votre démarche et surtout pour dire pourquoi vous optez pour une validation des acquis. Vous pouvez rapidement présenter votre parcours personnel et professionnel.

Le fait que vous ne soyez pas passé par un cursus de formation est défendable : aléas de la vie, échecs aux sélections, refus de financement d'une formation, etc. Vous n'avez pas à vous justifier, seulement à vous expliquer. En revanche, même si vous tentez une VAE par dépit, il est bien de ne pas le faire ressentir ici.

Voici des exemples de motivations qui vous font entamer cette démarche :

- besoin de reconnaissance de vos compétences auprès de votre employeur, de vos collègues, de votre famille ou pour vous-même ;
- opportunité d'un poste à l'interne ou dans un autre établissement, poste soumis à obligation de qualification ;
- diplôme requis pour accéder à des études supérieures ;
- injonction de votre employeur pour pérenniser votre emploi ;
- suite à des échecs aux épreuves de sélection, vous souhaitez valider partiellement le diplôme afin de pouvoir accéder à la formation ;
- etc.

La partie « Vos motivations » doit être rédigée[1]. Attention, trop de candidats confondent ces deux pages avec une lettre de motivation ! Inutile ici de commencer par « Madame, Monsieur » ou de terminer comme nous l'avons vu parfois par une présentation de vos « respects cordiaux »...

Considérez cette partie comme une introduction à votre démarche, et comme toute introduction, elle doit donner envie au lecteur de lire la suite !

Pour l'item « 2. Vos expériences, salariées, non salariées, ou bénévoles », vous devez donner le déroulé de vos parcours professionnels et ou bénévoles, cela de manière chronologique. Comme dans un CV, vous pouvez choisir

1. Voir le chapitre sur l'écrit.

de remonter le temps en partant de votre expérience la plus récente ou bien le contraire. La première possibilité nous semble la plus pertinente.

Enfin dernier point de cette partie plus formelle, « 3. Votre parcours de formation » où vous déclinerez toutes les périodes de formation que vous avez suivies (formation initiale, formation continue, courtes ou longues).

Avec la partie suivante, « 4. Expérience n° 1 », on entre dans le vif du sujet avec la description d'une première expérience. Cette partie va se décliner en trois grandes sous-parties :

- 4.1. Présentation du cadre de votre intervention.
- 4.2. Description de situations de travail significatives en lien avec les fonctions du référentiel professionnel.
- 4.3. Analyse globale de cette expérience n° 1.

Dans la « Présentation du cadre de votre intervention » vous définirez votre emploi ou votre fonction, vous présenterez l'environnement institutionnel de votre établissement et l'établissement lui-même. Vous vous situerez dans la structure et vous donnerez le cadre de vos activités, enfin vous décrirez le public auprès duquel vous exercez votre activité professionnelle ou bénévole. Vous trouverez dans la seconde partie de ce guide les éléments spécifiques à chaque diplôme. Mais pour tous les Livrets, nous vous conseillons de bien suivre la trame qui est indiquée en introduction de chaque page. Par exemple, il est demandé pour l'item « 4.1.2. L'environnement institutionnel de votre structure » :

> « Décrivez l'environnement institutionnel dans lequel s'inscrit votre structure.
>
> Présentez les *partenaires*, donneurs d'ordre, financeurs... avec lesquels votre structure est en relation.
>
> Vous ferez notamment clairement apparaître ceux avec lesquels vous êtes personnellement en relation en précisant la nature de ces relations et leur fréquence.
>
> Si besoin est, vous pouvez vous aider d'un schéma ou d'un tableau.
>
> Évoquez précisément la nature des *mesures* ou des *dispositifs* qui déterminent votre intervention. »

Il faudra donc que le lecteur trouve dans cette partie-là, sous forme rédigée et descriptive :

- les partenaires ;
- les donneurs d'ordre ;
- les financeurs ;
- la nature de votre relation avec les uns et les autres ainsi que la fréquence de ces relations ;
- un schéma ou un tableau ;

• les mesures et les dispositifs qui cadrent votre intervention.

Il en sera de même pour chaque sous-partie. N'inventez rien, suivez le cadre défini, cela facilitera votre écriture ainsi que la lecture de votre Livret.

Vient ensuite la partie « 4.2 Description de situations de travail significatives, en lien avec les fonctions du référentiel professionnel[1] ». C'est évidemment le cœur du Livret. C'est au regard de ces fonctions que le jury déterminera s'il valide les domaines de compétences du référentiel. Le Livret 2 étant générique[2], c'est à vous d'inscrire le domaine de compétences auquel vous vous référez.

En 4.3, se trouve « L'analyse globale de cette expérience n° 1 » son sous-titre est éloquent : « Mobilisation, acquisition, et/ou actualisation de vos compétences professionnelles ».

Cette partie constituée de sous-parties courtes ne doit pas être négligée. Elle va montrer votre capacité à vous impliquer dans votre métier, à analyser et à évaluer votre tâche. C'est ici que vous décrirez votre participation à la vie institutionnelle et professionnelle du champ de l'intervention sociale. Comment vous vous ressourcez, comment vous allez chercher de l'information. Comment vous transférez ces données dans votre pratique. Le jury sera sensibilisé par un professionnel qui prend du recul ou de la hauteur par rapport au quotidien. Mais attention, point trop n'en faut, c'est votre aptitude à utiliser ces ressources qui sera appréciée plutôt qu'un inventaire figé de vos lectures ou formations. Si vous avez le sentiment de vous répéter, c'est normal, cette partie est en quelque sorte une synthèse de cette première expérience.

Dans chaque Livret vous pouvez présenter une deuxième, voire une troisième expérience. Elles ne sont pas obligatoires mais c'est à vous d'en estimer la pertinence. Si vous avez travaillé dans un autre établissement, avec un autre public ou sous d'autres dispositifs et mesures, il sera alors judicieux d'exposer une seconde expérience.

Enfin, le livret se termine par le « Tableau de synthèse des documents annexés », il sera d'une grande aide pour le jury pour se repérer dans vos éléments de preuves. Reportez-vous au chapitre sur l'écrit, vous aurez là des pistes méthodologiques pour présenter un livret clair et lisible.

---

1. Voir fiches de familiarisation diplôme par diplôme dans la seconde partie de cet ouvrage.
2. Sauf pour certains diplômes où le livret est présenté sous forme de questions : DEAMP, DETISF...

Prouver

Les éléments de preuves, qu'est-ce que c'est ?

Un livret de VAE du secteur social et médico-social est totalement descriptif et déclaratif.

Pour des diplômes du bâtiment, on peut mettre un candidat en situation professionnelle. Par exemple pour un CAP de maçon, le jury peut se rendre sur un chantier et demander au candidat de monter un mur d'agglos. L'expression « c'est au pied du mur que l'on voit le maçon » prend là, toute sa signification.

En travail social, c'est plus complexe. On aborde ici la relation d'aide, avec la plupart du temps un public en difficulté. Ainsi, il est impossible de juger le candidat en situation professionnelle. C'est donc sur la description de ses activités et de ses fonctions au quotidien que le jury va apprécier ses compétences.

Le moment de la présentation devant le jury est déterminant, car il va pouvoir lever certains doutes ou certaines lacunes qui émergent du dossier. Mais lors de la lecture du livret, le jury va régulièrement faire le va-et-vient entre la description et les éléments de preuves, situés en annexe.

Dans les fiches diplômes[1] nous abordons des exemples de preuves spécifiques à chaque diplôme mais on peut toutefois définir des critères génériques.

Tout d'abord vous pourrez lire dans les notices d'accompagnement que les éléments de preuve ne sont pas obligatoires... mais fortement conseillés !

Qu'entend-t-on par preuves ?

Dans notre secteur ce sont très souvent des extraits d'écrits professionnels : cahier de liaison, rapports de situation, lettre au juge, rapport d'incident, synthèses, etc. la liste peut être longue car on s'aperçoit que nombre d'écrits ont la même fonction, ce sont uniquement les noms qui sont différents, parfois même au sein d'un même établissement.

Proposition de documents susceptibles d'être annexés à votre Livret 2

- Comptes rendus d'activités et d'entretien.
- Documents indiquant des résultats obtenus auprès de personnes ou de
- Groupes.
- Études de terrain.

☞

1. Voir les fiches diplôme par diplôme dans la seconde partie de cet ouvrage.

> ☞
> - Extraits du « journal de bord » utilisé dans une institution.
> - Rapports rédigés par vos soins.
> - Descriptif de situations problèmes.
> - Notes de lecture.
> - Relevés d'observations ou prises de notes en réunion sur ce thème.
> - Rapports effectués à partir des outils (histoire de vie...) utilisés.
>
> Extrait de la notice d'accompagnement du Livret 2 du DEES.

Ce sont les écrits du quotidien, mais aussi des écrits plus ponctuels : projets écrits de sortie annuelle, de transfert ou d'activité régulière.

Il n'y a pas que votre propre écrit. Vous pouvez proposer aussi des preuves où vous êtes bien repéré : planning, projet d'équipe, compte rendu que vous n'avez pas rédigé mais où votre nom apparaît. Articles de journaux relatant une activité, photos ou vignettes de montage Powerpoint font aussi partie des possibilités de preuves que l'on trouve dans un dossier.

À l'heure du multimédia, un cédérom peut aussi être adjoint au livret. Mais n'oubliez pas que vous pourrez toujours rencontrer LE membre du jury qui n'a pas le matériel pour le lire.

La règle pour ces preuves, c'est qu'elles doivent être anonymes. On ne doit en rien voir apparaître le nom des personnes dont vous avez la référence.

En accord avec votre employeur, car ces éléments appartiennent à l'établissement, il vous faudra donc photocopier les documents et passer du ruban correcteur sur les noms qui seraient susceptibles d'identifier les personnes. Soyez vigilant quant à la date de ces preuves, elles doivent bien se référer à la situation que vous exposez.

Combien d'éléments de preuves ?

Dans les différentes notices, il est conseillé « deux à trois éléments de preuves par domaines de compétences ou fonctions ». Inutile de « charger » un Livret 2. Ce qui importe c'est la pertinence de la preuve. Elle doit permettre au jury d'apprécier la concordance entre votre description de l'activité et le référentiel de compétences.

Collecter, choisir

Des preuves, vous en aurez trop ou trop peu.

Trop d'écrits

Il va falloir faire preuve de discernement et de congruence. Des écrits vous en rédigez, tous les jours, vous vous en plaignez d'ailleurs...

Comme nous l'avons dit plus haut, il n'est pas question de tout proposer. C'est évidemment en fonction de la situation décrite que la preuve viendra souligner et illustrer votre propos.

Partir à l'envers

Pour certains candidats, la lecture du référentiel et du Livret 2 les plonge dans un découragement avéré qui peut parfois les tenter à abandonner. Pour ceux-là, nous pensons que les éléments de preuves peuvent être un angle d'attaque de la démarche.

En effet, nous conseillons aux candidats de lister tous les écrits du quotidien ou les documents ponctuels décrits plus haut. Une fois la liste complète, il nous paraît judicieux d'examiner et d'analyser chaque écrit ou document en se posant les questions suivantes :

- quel est l'objectif de cet élément ?
- que prouve-t-il ?
- quelle concordance avec les critères de compétence du référentiel puis-je lui trouver ?
- quelle est la compétence que je mets en œuvre ?

Il peut être plus facile de procéder de la sorte, ainsi le choix de la preuve devient le moteur du processus. Cet angle de recherche n'est qu'un moyen mais il est souvent salvateur dans des situations de blocage.

Trop peu d'écrits

Dans certaines professions du secteur le rapport à l'écrit est inexistant. Les auxiliaires de vie, par exemple, travaillent seules, au domicile des personnes aidées. Si l'employeur est une association, le seul moment de contact est la réunion de planning. Les temps d'échange avec les collègues sont fugaces, parfois même, plusieurs professionnels d'horizons divers se croisent au sein du domicile. Difficile dans ce cas-là de créer du lien, encore moins par écrit.

Des lettres de témoignages peuvent parfois émaner des familles, mais là encore le rapport est compliqué, trop souvent affectif, dans un sens comme dans l'autre.

Mais rassurez-vous les jurys connaissent ces professions, ce sont en général des responsables d'unités qui savent bien que l'écrit n'est pas pratiqué dans leurs services ou des professionnelles qui elles aussi ont déjà été confrontées à cette carence.

Et comme nous le verrons plus loin, tout s'explique au moment de l'entretien.

Et quand le château a brûlé ?

Il arrive régulièrement que des candidats ne possèdent aucune preuve de leur passage dans un établissement. L'expérience est ancienne et la loi 2002.2 n'existait pas encore... Mais quelquefois, le candidat a du mal à expliquer que son départ de l'institution se soit passé de manière houleuse et conflictuelle. Impossible parfois de retourner sur les lieux ni même de pouvoir simplement téléphoner au directeur. La stratégie d'explication est alors souvent semblable : « Le château a brûlé, les caves ont été inondées, les bureaux ont été cambriolés... » ou plus actuel : « Mon ordinateur a planté, ma clé USB est vide... » Il se peut que tout cela soit arrivé, le résultat est que vous n'avez pas de preuves. Dans ce cas-là, ne vous avouez pas vaincu. Même si votre départ s'est passé dans la douleur, il reste peut-être un ancien collègue qui peut vous aider à collecter des documents. Enfin si tel n'est pas le cas, n'essayez pas de vous « fabriquer » des preuves, jouez franc jeu avec le jury et expliquez cette carence dans votre livret. L'entretien sera alors sûrement l'objet d'un questionnement plus précis et plus poussé, mais qu'importe, si vous êtes clair et scrupuleux dans votre argumentation, le jury vous fera confiance.

LES RESSOURCES PROFESSIONNELLES ET PERSONNELLES

Si la démarche VAE est individuelle, elle sera facilitée si vous n'êtes pas trop seul. L'accompagnement existe évidemment mais tout d'abord il faut qu'il soit financé et ensuite il ne dure jamais plus de vingt-quatre heures[1]. C'est court pour une démarche qui peut durer plus d'une année.

Dans la durée, le soutien peut alors venir de votre entourage professionnel.

L'employeur

C'est parfois, ce dernier, qui vous a demandé de « passer votre VAE ». La pression peut être forte, car la pérennité de votre emploi peut dépendre de votre prochaine qualification. On ne peut pas dire que les conditions soient ici optimales pour entamer la démarche. Rappelez-vous, il faut de la sérénité...

Si vous êtes à l'origine de la demande, vous pouvez vous retrouver devant deux cas de figures :

- votre employeur est réticent ou même il n'est pas au courant ;

1. Hormis dans le cas du dispositif de soutien de branche des éducateurs spécialisés.

- votre employeur vous a encouragé à tenter cette démarche.

Dans le premier cas, il va falloir être discret et ne pas trop vous exposer. Il n'est pas impensable que vous arriviez à convaincre votre employeur du bien-fondé de votre action.

Dans le second cas, c'est l'idéal car vous allez bénéficier d'un climat propice pour réussir à dire et à écrire votre expérience. L'équipe dirigeante, (employeur, chef de service) peut alors vous aider en vous octroyant plus de temps pour votre Livret 2... Mais le plus souvent l'aide s'organise autour de la relecture du dossier et dans la récolte des éléments de preuve. C'est déjà ça.

L'équipe

« C'est quoi Marion la VAE ? » Marion, monitrice éducatrice en quête du diplôme d'éducatrice spécialisée n'a pas eu le temps de répondre à la question d'un des ados de son groupe. C'est son jeune collègue, tout frais sorti de l'école, qui l'a fait pour elle : « Marion elle va essayer d'avoir son diplôme parce qu'elle n'est pas vraiment éducatrice. »

Des collègues comme ça, vous en trouverez, un peu aigris par le fait que vous avez la possibilité d'accéder à un même niveau, alors que, eux, ont suivi le cursus qui les a menés à la certification.

Tournez-vous plutôt vers ceux qui sont décidés à vous aider. Montrez votre livret et relatez ce que les acteurs de l'accompagnement vous ont expliqué. L'important est de se sentir en confiance, soutenu et d'avoir la certitude que l'on peut faire appel tant à son accompagnateur qu'à ses collègues, personnes ressources, en suivant son propre rythme.

La famille, l'entourage

Comme dans toute reprise d'études ou dans tout parcours long de formation continue, il faudra compter avec votre entourage et votre famille. Lorsque l'on entame une démarche de validation des acquis, il faut être conscient qu'il faudra mener en même temps une triple vie : au travail, à la maison et devant son livret de VAE. Vous allez peut-être être agacé, irascible, susceptible... Vos proches vont devoir subir votre énervement, votre découragement ou votre excitation. Pour vous comme pour eux, il va falloir faire preuve de calme et de compréhension. Pour cela, comme pour l'équipe de travail, il faudra bien expliquer votre démarche afin qu'ils y adhèrent et vous soutiennent.

C'est aussi grâce à votre entourage que vous optimiserez cette période de collecte de documents et de mise à plat de votre expérience. La VAE c'est beaucoup de vie professionnelle mais c'est aussi une partie de soi que l'on engage, en y entraînant sa famille, ses amis et ses collègues.

Chapitre 4

Identifier les acquis

L'essentiel du Livret 2 est consacré à la démonstration des acquis que vous voulez faire valider par le jury, dès lors la question principale est comment allez-vous les identifier ? La pratique nous montre que plusieurs étapes sont incontournables pour parvenir aux résultats escomptés. C'est à travers des exemples d'accompagnement que nous vous proposons de repérer ces différentes étapes.

Analyser son expérience

Pendant l'accompagnement des candidats, nous avons repéré au cours de notre expérience plusieurs étapes indispensables.

L'entretien avec un accompagnateur.

Cet entretien a pour premier objectif de permettre au candidat de faire un retour sur son parcours scolaire, de formation et professionnel. Il peut ainsi relever la cohérence de ce parcours et le fil rouge qui a animé ses choix.

Le second objectif est de formuler les attentes de la VAE et d'amener le candidat à évaluer la faisabilité de son projet, tel qu'il le formule ou avec des réaménagements dans ses ambitions et objectifs. C'est aussi l'occasion pour l'accompagnateur de préciser (ou repréciser) les étapes à suivre et la démarche attendue pour finaliser le livret 2.

Appropriation des textes et du livret

La première opération consiste à l'appropriation du livret et des textes. Il s'agit d'une part de bien comprendre et d'assimiler les formulations et les consignes pour remplir ce document. Bien souvent un décodage du vocabulaire s'avère nécessaire.

Par exemple, dans les livrets (ES, CAFERUIS...) *une expérience* signifie un poste de travail dans une structure ou un établissement et *une situation* veut dire un exemple précis d'intervention. Vous pouvez donc évoquer plusieurs expériences, c'est-à-dire plusieurs lieux d'exercice. Cela vous demandera de représenter à chaque nouvelle expérience le cadre de travail.

Pour l'expérience dans laquelle vous êtes actuellement, vous présentez en général si possible plusieurs situations. Ces situations correspondent aux différents domaines de compétences.

Chaque livret impose un certain découpage dont il faut maîtriser la logique sinon vous ne trouvez pas le sens de ce que vous élaborez et perdez temps et patience.

Cette étape de lecture et de compréhension est indispensable avant d'engager la suite du travail.

Exemple

Hélène exerce le métier d'éducatrice de jeunes enfants dans une pouponnière relevant des foyers de l'enfance ; elle évoque ainsi cette étape : « Entrer dans la démarche écrite du travail de VAE m'a demandé beaucoup de temps. Ce temps est je pense nécessaire à la bonne intégration du référentiel de compétences, mais aussi nécessaire pour une mise à distance avec le travail de terrain.

En effet, je travaille en foyer de l'enfance auprès d'enfants de quatre à huit ans. Le quotidien occupe une place importante, et ce avec toutes les émotions qu'il induit.

Il m'a fallu prendre de la distance avec toutes ces émotions, ces affects. Ce décentrage a été vraiment bénéfique puisqu'il m'a permis de redonner toute leur valeur aux petits gestes du quotidien, qui, justement ne sont pas anodins mais sont gorgés de sens. On peut à juste titre dire que ce sont des signifiants.

À partir de là le travail écrit a pu commencer pour moi. »

L'appropriation des textes concerne essentiellement les référentiels professionnels et de tous les documents reçus avec le Livret 2.

Il s'agit pour vous avec l'aide des accompagnateurs de déchiffrer ; c'est une véritable traduction des termes employés, c'est aussi un moment qui permet une explicitation de la forme, de la logique du Livret 2. La notice d'accompagnement à cette occasion est relue ainsi que quelques conseils pour orienter le choix des situations ou des éléments de preuves qui y trouvent place.

La partie essentielle de cette étape concerne les référentiels d'activités et de compétences. En effet les représentations que recouvrent certaines formulations de ces documents nécessitent bien souvent pour les candidats des illustrations soit par des exemples concrets soit par des formulations plus « parlantes » en termes de savoirs et de savoir-faire. Cette première confrontation avec les documents nécessaires est le plus souvent décrite par tous les candidats de la manière suivante :

« Au début je ne comprenais rien à ce vocabulaire savant » ... « Les accompagnateurs étaient pour moi des traducteurs, qui rapprochaient la théorie de notre expérience. Et nous refaisions le chemin inverse en mettant nos petites expériences dans les grands mots du référentiel[1]. »

Ne vous effrayez pas à la consultation de ces documents, vous allez vous familiariser progressivement et mieux en saisir la logique[2].

L'analyse de l'expérience en groupe

Nous décrirons ici la méthode que nous avons mise en place et sur laquelle nous nous appuyons depuis quelques années avec quelques aménagements selon des critères contextuels : taille du groupe, diplôme préparé ou autre condition qui peut amener à des modifications ponctuelles. La trame que nous suivons reste à nos yeux cohérente et satisfaisante.

Nous ne reviendrons pas sur l'intérêt du travail collectif et sur ce qu'il apporte à chacun, il s'agit de définir le cadre dans lequel ce travail se déroule. À quelles conditions cette étape doit-elle satisfaire ?

L'engagement de départ

- Le respect de la confidentialité.
- Le non-jugement sur les récits des autres participants.
- L'implication dans la présentation de situations, dans la prise de notes et la restitution des notes.
- L'écoute.

La taille du groupe

En prenant en compte le volume horaire global de l'accompagnement et la nécessité pour chacun de produire l'analyse de plusieurs récits, des groupes de trois ou quatre personnes sont souhaitables et efficients.

Nous avons choisi une méthode dans laquelle chaque participant à tour de rôle dispose d'un temps précis pour exposer une situation, les

1. GUILLER A., « Marathon pour un diplôme », in *ASH Magazine* n° 24, nov.-déc. 2007.
2. Consulter les fiches de familiarisation correspondant au diplôme choisi dans la seconde partie

autres participants et l'accompagnateur ont pour rôle : écoute et prises de notes. Ensuite, et toujours dans une durée bien limitée pour l'équilibre du groupe, les questions et demandes de précisions permettent d'approfondir et d'explorer les pratiques professionnelles exposées.

Pour commencer le questionnement se situe autour du « comment » pour faire émerger la dimension descriptive de l'action.

Exemple

- Comment as-tu fait ?
- Comment as-tu vu que ?
- Comment as-tu su que ?
- Comment as-tu décidé que ?

Dès que l'action se présente de façon trop généraliste par exemple : « J'ai organisé un voyage à Paris avec les résidents. » La question sera : « Comment as-tu fait ? »

La réponse à cette question fera apparaître des méthodes, des techniques, des procédures précises ainsi que l'utilisation de certains outils (communication, budget, logistique).

Autre exemple

Lors de cette rencontre la mère était plus anxieuse que le père de Céline.

- Comment as-tu vu cela ?
- Assise sur le bord de la chaise très tendue, La mère parlait beaucoup elle ne laissait pas le père s'exprimer. Elle évoquait les difficultés scolaires de sa fille essentiellement en lien avec sa propre reprise d'activité professionnelle [*indiquant qu'elle se sentait responsable*].

La réponse à cette question fera apparaître des compétences dans le champ de l'observation verbale et non verbale.

Les prises de notes sont restituées à celui à qui appartient le récit. Les traces écrites lui serviront au moment de la formalisation écrite. Ainsi chacun à l'issue de deux séances possède du matériau de base pour enclencher étape suivante.

L'accompagnement individuel et le travail écrit

Le travail d'analyse précédent se poursuit également au cours de cette étape et ce, à partir des écrits fournis par le candidat.

Vous pouvez vous approprier cette méthode avec des personnes ressources mais il est important d'avoir un regard extérieur accompagnateur ou superviseur.

QUELLES QUESTIONS À POSER OU À SE POSER ?

Pour exploiter vos exemples un certain nombre de questions sont indispensables, elles vous permettront de mener une analyse de vos pratiques dans le détail.

> ***Exemple : l'analyse d'un extrait de récit (fonction 1 du DEES)***
>
> Grégory présente une VAE d'éducateur spécialisé. Il écrit : « Pendant la journée de contact proposée sur le groupe de l'internat *je suis attentif* (1) à la manière dont se positionne D. dans ses rapports aux autres jeunes du groupe. Il exprime de l'agressivité et de la violence. Il me faudra tout au long de la journée le *contenir* (2). On lui *propose des activités* (3). Suite à cette première journée au sein du groupe *un point est fait* (4) ».

Comment

Les questions posées par l'accompagnateur portent sur ce qui est souligné.

Comment es-tu attentif (1) ?

La réponse doit faire apparaître des pratiques éducatives liées à l'observation.

Comment le contenir ? Qu'est-ce que tu fais exactement (2) ?

Les réponses attendues font apparaître des pratiques éducatives liées au cadre sécurisant, à l'autorité...

Qui propose ? Et toi que proposes-tu précisément (3) ?

Les réponses permettent de repérer les pratiques liées aux supports et techniques éducatives

Comment ce point est-il fait ? avec qui ? y a-t-il des écrits (4) ?

Les réponses attendues font apparaître les procédures et les méthodes de travail en équipe.

> ***Expérience***
>
> Sylvie, aide à domicile, présente la VAE d'auxiliaire de vie sociale : « Mme X est dépendante, je lui *fais sa toilette* tous les jours, je *m'organise* dans la chambre mais *j'essaie de maintenir* son autonomie en *la faisant participer.* »
>
> - Dans quel endroit de la chambre êtes-vous ?
> - Qui est présent ?

- Que fais-tu concrètement pour t'organiser ? Par quoi commences-tu ?
- Comment fais-tu pour la faire participer ?
- Pourquoi cela te semble important ?

Les réponses attendues mettront en évidence un savoir-faire, des techniques d'hygiène, d'organisation et de communication. Après la rédaction écrite de cette situation une seconde série de questions, si besoin, permet d'affiner l'exploitation de cet exemple.

Les principes éthiques qui sous-tendent l'intervention tels que le respect de la personne et de son intimité sont bien plus apparents après la première analyse, ce qui allait de soi pour Sylvie, mais l'écart entre le « faire » et le « dire » est ainsi réduit.

Nous avons vu que le questionnement porte essentiellement sur des aspects descriptifs de la pratique. Ce type de questions permet un recentrage sur les méthodes et actions du candidat, cela permet d'éviter ou de limiter les hors sujets et dérives et de ne pas perdre de vue ce qui est central dans ce travail.

Les questions qui abordent le sens de l'action les pourquoi ? dans quels buts ? qu'est-ce que veut dire cela ? comment l'interprètes-tu ? etc., sont en général posées dans un second temps.

En effet, il apparaît plus pertinent de montrer l'action dans un premier temps pour échapper aux généralités. Cela peut vous paraître parfois fastidieux tant c'est minutieux et tourne autour de détails qui semblent insignifiants au premier abord.

Bien souvent, c'est au fil de l'écriture que les situations analysées et présentées sont creusées pour mettre au jour les significations et les principes d'action ; la présentation des pratiques contient en grande partie tous les éléments de cet ordre. Il s'agit de les formaliser et de les relier.

À la lecture d'exemples qui ne mettent pas suffisamment à jour ces aspects-là, la nécessité d'approfondir apparaît très clairement.

Se poser des questions

Le contexte de la situation

- Qui ? L'action est en direction de qui ?
- Où ?
- À quel moment ? de la journée ? de l'année ?
- Qui était présent ?
- À la demande de qui ?

L'action

- Comment ?
- À partir de quand ?
- Qu'avez-vous vu ?
- Qu'avez-vous entendu ?
- Qu'avez-vous dit ?
- À quoi voyez-vous que ?
- Qu'est-ce qui vous fait dire que ?
- Pouvez-vous préciser ?
- Comment faites-vous précisément ?
- Et concrètement ?

Et toutes autres questions spontanées qui permettront d'être précis et complet dans la description de l'action.

Le sens donné à l'action

- Pourquoi ?
- Dans quels buts ?
- Par quoi avez-vous commencé ?
- Qu'est qui fait que vous avez préféré faire comme cela ?
- Où avez-vous appris cela ?

Et toutes autres questions qui permettront d'éclairer les choix de procédures, de méthodes et les principes d'action.

Au cours de l'accompagnement individuel le candidat a des attentes sur plusieurs plans : analyse, choix de situations, accompagnement méthodologique de l'écrit, conseils de lecture.

Compte tenu de la brièveté de l'accompagnement, ressentie et fréquemment exprimée par les candidats, comme insuffisante, nous vous invitons à préparer vos rendez-vous avec votre accompagnateur.

Ayez toujours des exemples rédigés à lui montrer si vous le souhaitez. Ces écrits lui donneront des indications sur l'avancement de votre démarche et du matériau à vous faire travailler.

Si besoin et si demande de votre part, des remarques sur la forme s'y ajouteront : plan, reformulation pour clarifier certaines expressions, explicitation..., mais prenez garde à ce que l'accompagnement ne vous fasse pas perdre de l'autonomie, vous devez rester l'auteur du dossier et le jury ne doit pas en douter, c'est-à-dire que la corrélation entre vos propos et votre écrit sera très forte.

Le but de cette aide est de vous approprier toutes les étapes de la démarche, que vous ayez, de vous-même ou à l'aide de personnes ressources, une sorte de mode d'emploi pour analyser votre expérience.

L'utilisation de l'informatique et l'envoi de courriers électroniques facilitent la communication pour ce type de travail. Malheureusement ce n'est pas encore accessible à tous les candidats VAE.

Ces temps d'échanges entre l'accompagnateur et les candidats favoriseront l'émergence de nouvelles situations. Des liens avec des aspects théoriques sont également abordés dans ces entretiens, des conseils de lecture régulièrement demandés par le candidat.

Faire des liens

Les liens avec le référentiel de compétences

Les liens avec le référentiel de compétences se font progressivement par des allers-retours successifs entre l'action, les choix et les buts qui ont guidé cette action. Il s'agit d'une mise en correspondance qui donne à l'ensemble, au départ morcelé, constitué du matériau brut produit des récits de situations et des analyses, une cohérence, une logique. Ce fil conducteur vous ramène à faire la démonstration de la maîtrise des compétences requises.

Des rapprochements réguliers avec le référentiel de compétences indiquent l'intégration de données fondamentales. Cette étape du travail doit vous permettre de repérer les liens qui existent entre votre pratique et la théorie.

Bon nombre de candidats, car ils en ressentent la nécessité, consacrent du temps à la lecture (ou relecture) d'ouvrages portant sur les thématiques liées à leur exercice professionnel. Ce travail qui consiste à établir des liens est d'autant plus important que le niveau de diplôme est élevé.

Les liens entre la théorie et la pratique

Bien que la démarche s'appuie sur la pratique, les apports théoriques trouvent leur place dans un dossier de VAE. Il n'est pas question de « plaquer » citations et références sans discernement et sans appropriation qu'il s'agisse de connaissances antérieures ou des lectures faites à l'occasion de cette démarche.

À l'inverse ne vous privez pas de faire des liens explicites, voire de citer des auteurs, dont vous maîtrisez les concepts. Si ce n'est pas le cas, le jury en relèvera la carence. Ces références viendront enrichir et étayer votre écrit.

Exemple

Amélie présente une VAE du diplôme d'éducateur : « Mon parcours a duré un an et mon investissement n'a pas été linéaire. Entre le moment de mes premiers écrits et les derniers, j'ai rencontré deux longs moments que je pensais de "creux" de "rien", or avec du recul, je me rends compte que c'était un temps de maturation pour m'approprier toutes les informations reçues lors du DSB[1], pour assimiler la commande, le référentiel et organiser mes fonctions.

Je me suis culpabilisée deux fois trois ou quatre mois parce que je n'arrivais pas à écrire. Pourtant, je vivais du matin au soir avec l'objectif VAE. Quelle contradiction ! En janvier, j'ai écrit en sachant la date du dépôt : le 2 mars.

Les moments de non-écriture consacrés à la lecture, à la réflexion, à l'organisation de mes notes, mes références bibliographiques, dans les quatre pochettes (une par fonction) m'ont servi car j'ai réussi à écrire les fonctions 3 et 4 en quinze jours.

Lors du parcours, les rendez-vous avec ma référente ont été importants pour moi. Les annotations et les remarques de ma référente m'ont permis de faire le point, d'approfondir ma réflexion, de soulever des questions et de reformuler des notions. Ces rendez-vous me paraissent incontournables, ils m'ont permis de rendre mon livret et de ne pas abandonner. On a l'impression qu'il ne passe rien, alors qu'il se passe beaucoup de choses ! »

Choisir les « bons » exemples

Quels exemples vont servir de supports à la démonstration que vous avez acquis les compétences ? Nous l'avons démontré, c'est l'exemple qui est révélateur de vos compétences.

Comment choisir dans la multitude celui ou ceux qui seront les plus « parlants » ? Les plus pertinents montrent différentes facettes de votre pratique. Il est nécessaire de prendre en compte la diversité des exemples donc des situations présentées. Selon les livrets, il est conseillé d'en choisir un (voire deux) par domaine de compétences.

Des exemples dans lesquels vous avez rencontré des difficultés et trouvé des solutions face aux problèmes sont bien souvent considérés d'un intérêt supérieur à ceux dont le récit montre une pratique qui va de soi. Cependant ne négligez pas des situations habituelles « routinières » le style de professionnel que vous êtes se révèle à travers ces vécus quotidiens chargés de significations.

Le choix de l'exemple pose régulièrement quelques difficultés, tout ne peut pas faire l'objet du travail écrit, des renoncements s'imposent.

Les questions qu'il faut se poser sont : pourquoi je choisis cet exemple ? qu'est que je veux montrer ? qu'est ce que j'ai appris à l'occasion de cette

1. Dispositif de soutien de branche.

situation ? comment ai-je résolu les difficultés ? avec quelle aide ? quelles traces restent de cet exemple en termes de preuves et documents à mettre en annexe ?

Pour finir multipliez les exemples :

> « Certains organismes valideurs exigent la description d'au moins deux activités illustrant une compétence. Il s'agit de s'assurer par la répétition et la diversité des situations, que le candidat est capable de décrire de manière « stable » et qu'elle est transférable. Ainsi, le jury acquiert la certitude que le résultat obtenu ne résulte pas du hasard ou du mensonge, mais bien d'un savoir-faire reproductible[1]. »

1. JOSSE C., *op. cit.*, p. 74.

Chapitre 5

Formaliser les écrits

« Les éducateurs n'écrivent pas. Voila une assertion à laquelle il est grand temps de tordre le cou. Les professionnels du champ de l'éducation spéciale exercent en fait à partir d'un socle d'écriture permanent[1]. » On sait dire son expérience mais on ne sait pas l'écrire. Ce cinquième chapitre devrait vous aider à affronter les barrières de l'écriture que parfois vous avez vous-même établies et que vous pensez infranchissables.

RESPECTER LE CADRE

Le cadre libère l'écrit. Comme nous l'avons dit plus haut la validation des acquis de l'expérience en travail social repose sur un livret rédigé et construit.

Avec la loi 2002.2, nombre de professionnels se sont inquiétés sur le fond mais aussi sur la forme que devaient prendre ces fameux écrits accessibles désormais aux usagers et à leur famille. Certains n'écrivent pas du tout et d'autres le font mais dans un style plutôt minimaliste et technique.

1. ROUZEL J., *La Pratique des écrits professionnels en éducation spécialisée*, Paris, Dunod, 2000.

Les transmissions du cahier de liaison se limitent à des phrases courtes, parfois sans verbe. Quelques mots écrits à la va-vite, après une longue nuit en internat...

Le caractère obligatoire de ces écrits vient bousculer les habitudes professionnelles. Ceux qui ont toujours écrit écriront ! mais attention à ne pas être trop littéraire... Ceux qui n'ont jamais aimé écrire écriront aussi, mais dans la douleur.

Le sentiment de ne pas savoir écrire ou le stress que peut provoquer une page blanche à remplir, nourrissent des angoisses liées à sa scolarité et à son propre ressenti vis-à-vis de l'école. L'écrit est l'image figée de nos pensées, il fixe nos actes et nos opinions. Il est la trace de ce que l'on pense, de ce que l'on dit ou de ce que l'on aimerait dire sans pouvoir le faire. L'écriture capture et laisse une empreinte. C'est justement ce caractère immuable qui nous inquiète : « Les écrits restent... »

Si l'écriture se libère dans l'acte créatif, elle peut aussi se libérer dans un cadre bien défini. Le cadre libère l'écrit dans le sens où il dénoue les problèmes techniques. Il fixe les limites de l'écrit. Comme dans un écrit de concours ou de certification, une synthèse de documents ou un mémoire, il va vous être demandé de répondre de façon méthodologique par un écrit construit et structuré. C'est aussi le prix à payer pour valider les acquis de l'expérience. Plus votre dossier va être clair et organisé, plus le ressenti du jury à votre égard vous sera favorable.

« Mais je n'arrive pas à écrire », « Je n'y arriverai jamais ! » Le découragement peut vous envahir et vous empêcher d'avancer dans votre Livret 2. Dans ce chapitre nous allons tenter de vous donner des pistes pour débloquer votre écrit et vous libérer de la forme afin que vous puissiez vous consacrez au fond.

Structurez votre écrit

Un bon écrit c'est un bon plan ! Ici pas de « je n'ai jamais su faire un plan », car dans un livret de validation des acquis le plan existe déjà. Les grandes parties sont très organisées en sous-parties et chaque page qu'il vous est demandé de rédiger est précédée par une consigne qu'il vous faudra suivre.

Exemple dans le Livret 2 du DEAMP

4.1. — Expérience en rapport avec le domaine de compétence 1 du DEAMP[1]

Domaine de compétences 1 du DE AMP : Connaissance de la personne

Compétences attendues :

- Situer la personne aidée au stade de son développement.
- Situer la personne aidée dans son contexte socioculturel.
- Appréhender les incidences des pathologies, handicaps et dépendances dans la vie quotidienne des personnes.

Comme nous l'avons dit plus haut, rien ne sert de sortir de ce cadre, il est aidant pour vous et il est clair pour le jury. Respectez, donc, la trame qui vous est conseillée au début de chaque élément du Livret 2. Toutefois chaque partie nécessite de respecter des règles simples de l'expression écrite : introduction, développement, conclusion.

Dans un premier temps nous verrons le développement, puis la conclusion pour terminer par l'introduction, car souvenez-vous bien qu'une bonne introduction s'écrit à la fin... Nous verrons pourquoi.

Nous expliquerons ce que sont ces trois phases d'un écrit, en général, pour ensuite en donner la particularité, concernant le Livret 2 de validation des acquis de l'expérience.

Le développement

Un développement, comme son nom l'indique, c'est un mouvement. Votre démonstration sera différente entre son début et sa fin. C'est un mécanisme qui s'articule autour de deux ou trois axes que l'on peut nommer parties. Exemple dans votre Livret 2 : « Expérience n° 1 ».

Ces parties ou ses axes se déclinent en sous-parties, par exemple : « Présentation du cadre de votre intervention ». Viennent ensuite des « sous-sous-parties », par exemple : « Une première situation de travail », etc.

Chaque petite partie se déroule ensuite en paragraphes déjà annoncés dans la consigne et qu'il vous faudra suivre.

1. Diplôme d'État d'aide médico-psychologique.

Exemple

5.4. — Situations en rapport avec le domaine de compétence 4 du DE ME

Domaine de compétences 4 du DE ME : Implication dans les dynamiques institutionnelles

Compétences attendues :

- Établir une relation professionnelle avec les partenaires.
- Situer son action dans le cadre des missions de l'institution et de son projet.
- Veille professionnelle : s'informer et se former pour faire évoluer ses pratiques.
- Parmi les contextes des expériences exposés dans le chapitre 4, choisissez-en un et décrivez votre place dans la structure. Décrivez la manière dont vous avez participé à la vie, aux projets et aux missions de cette structure.

Extrait du Livret 2 du DEME.

En général, dans un écrit quel qu'il soit, les paragraphes correspondent à des arguments. Ces arguments que l'on peut ici appeler des références[1] ont un rôle générique, inhérent à tout écrit, de validation des acquis, professionnels ou même littéraire. Le rôle et la mission des arguments ou des références sont de convaincre le lecteur, pour la VAE, convaincre le jury.

Pour illustrer un argument ou une description, on va utiliser un outil indispensable pour rendre plus parlant un texte : des exemples. En clair, en VAE, des éléments de preuves[2]. Ces éléments de preuves vont venir éclairer le jury pour mieux comprendre votre écrit (**Figure 5.1**).

La conclusion

Une conclusion dresse un bilan du texte qui la précède. Elle ferme un écrit en affirmant des idées ou bien elle ouvre sur une proposition. Pour la VAE, c'est la seconde forme qui semble correspondre, car les sous-parties sont nombreuses et se succèdent. Une conclusion est proportionnelle au texte qu'elle achève. Il est toujours agréable de lire une ou deux phrases de conclusion qui non seulement reprennent ce qui vient d'être dit mais aussi annoncent ce qui va suivre (**Tableau 5.1**).

Tableau 5.1. Conclusion dans un dossier VAE.

Un bilan du développement qui la précède	**+**	**Une ouverture sur ce qui suit**

1. *Cf.* Le référentiel.
2. Voir le chapitre sur les preuves.

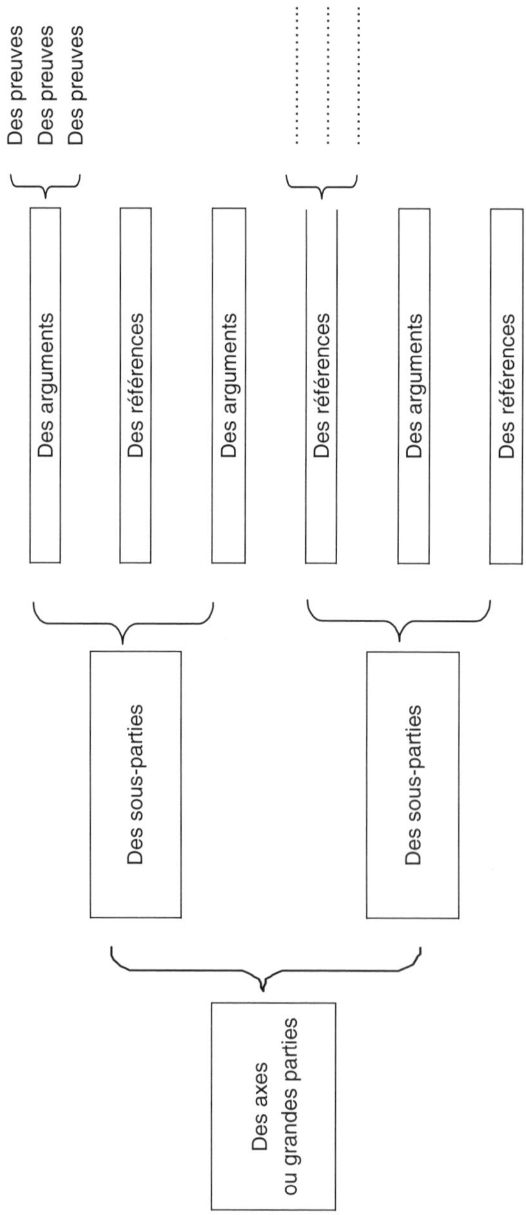

Figure 5.1. Développement dans un dossier VAE.

L'introduction

En méthodologie de l'écrit, une introduction répond à trois règles :

- elle accroche le lecteur ;
- elle explique ce qui va suivre ;
- elle annonce le plan[1].

Si vous suivez ces trois règles, vous ne révolutionnerez pas les techniques de l'écrit mais vous serez toujours sûr de proposer une lecture claire de votre texte.

Dans le Livret 2, il n'est pas impératif de respecter ces trois règles, tout dépend de la longueur de ce qui suit. En général les rubriques sont courtes et il suffit d'une phrase ou deux pour les introduire.

Par contre une règle à laquelle on ne peut déroger : une introduction doit donner envie de lire la suite (**Tableau 5.2**).

Tableau 5.2. Introduction dans un dossier VAE.

Une ou deux phrases qui accrochent l'intérêt du lecteur	→	**L'annonce de ce qui va suivre**

CONSTRUIRE DES PHRASES SIMPLES

Votre Livret 2 doit être rédigé. Nous ne le dirons jamais assez, évitez des listes de tâches ou de verbes qui ressemblent à un catalogue figé où l'on ne vous voit pas. La rédaction doit être claire avec des phrases courtes et simples : Sujet + Verbe + Complément. Ce leitmotiv qui nous vient de l'enfance a toujours ses lettres de noblesse, il peut paraître redondant mais regardez votre écrit, lisez et vérifiez...

On n'écrit pas comme on parle. Mais le rythme que vous donnez dans vos intonations à l'oral peut se retrouver dans votre écrit en variant la construction de vos phrases. On peut, par exemple, construire des phrases inversées (le verbe passe avant le sujet...). Préférez des mini-inversions de phrases à des inversions totales trop littéraires.

1. C'est donc pour cela qu'il faut l'écrire en dernier.

		Exemple
Phrase simple	J'ai choisi de m'engager dans une démarche de validation des acquis pour obtenir la reconnaissance de mon travail et de mes compétences.	*Style clair et précis*
Inversion totale	De mes compétences et de mon travail provient un besoin de reconnaissance qui me fait m'engager dans une démarche de validation des acquis.	*Style trop littéraire*
Mini-inversion	Afin d'obtenir la reconnaissance de mon travail et de mes compétences, j'ai choisi de m'engager dans une démarche de validation des acquis.	*Style plus rythmé*

Dans votre Livret 2, votre écrit est la plupart du temps descriptif et déclaratif. Il vous est demandé de décrire des situations, des actes de la vie quotidienne, des moments liés à l'accueil d'une personne. Des phrases simples et claires sont employées. Mais, comme nous vous le conseillons, il vous faudra être capable d'exprimer comment et pourquoi vous agissez.

Pour vous aider, les propositions subordonnées viendront développer votre raisonnement. Elles pourront être introduites par un connecteur logique (**Tableau 5.3**).

Tableau 5.3. Les principaux connecteurs logiques.

Relation logique	Connecteurs logiques	Fonction
Concession	Bien que, malgré, sans doute, en dépit de, quoique...	Permet de constater des faits ou des arguments opposés à son 1er propos tout en maintenant sa propre opinion
Opposition	Cependant, mais, au contraire, néanmoins, pourtant, en revanche, tandis que, alors que, toutefois, or	Permet d'opposer deux actions ou deux arguments souvent pour valoriser l'un d'entre eux
Parallèle ou comparaison	De même, de la même manière, ainsi que, comme...	Permet d'établir un rapprochement entre deux faits
Cause	Car, en effet, étant donné, parce que, puisque, en raison de, sous prétexte que, dans la mesure où...	Permet d'exposer l'origine, la raison d'un fait
Addition ou gradation	Et, de plus, en outre, par ailleurs, surtout, d'abord, ensuite, enfin, d'une part, d'autre part, non seulement, mais encore...	Permet d'ajouter un argument ou un exemple nouveau
Conséquence	Donc, c'est pourquoi, par suite, de là, d'où, dès lors, de sorte que, si bien que, par conséquent	Permet d'énoncer le résultat, l'aboutissement d'un fait ou d'une idée

Exemples

« Il me semble que Véronique éprouve un certain bien-être quand elle pratique l'activité piscine ***car*** *elle est détendue et souriante* »

ou par deux points :

« Il me semble que Véronique éprouve un certain bien-être quand elle pratique l'activité piscine ***:*** *elle est détendue et souriante* ».

La ponctuation peut ainsi vous aider à moduler le rythme de votre style.

La ponctuation

C'est un élément très important, elle place les intonations et les nuances de votre écrit. Elle rythme le texte.

Nous ne reviendrons pas sur le *point d'interrogation* et sur le *point d'exclamation.* Vous les connaissez et vous savez ce qu'ils induisent. Attention quand même à ne pas trop les employer, tout comme les *trois petits points...*

En effet un texte perclus de ces trois signes de ponctuation peut sembler suspect, dans le sens ou l'on aura peut-être l'impression que vous ne croyez pas à ce que vous exprimez : le point d'interrogation pourrait laisser croire que vous n'êtes pas sûr de vous ? Le point d'exclamation pourrait induire de l'ironie ! Et les trois petits points signifient souvent des sous-entendus...

- Le *point* : c'est lui qui ferme la phrase déclarative, l'ami de la phrase courte et concise, celle que l'on vous demande d'écrire dans votre livret.
- Le *point-virgule* marque une pause à l'intérieur de la phrase.
- La *virgule* permet une courte pause. Relisez à voix haute votre livret, c'est grâce à cet exercice que vous saurez où placer vos virgules.
- On a vu plus haut que les *deux points* (:) peuvent aider à alléger une phrase en marquant la cause, la conséquence ou en introduisant tout simplement une énumération ou une citation.

Enfin les parenthèses, guillemets, tirets :

- les *parenthèses* encadrent une information secondaire, non essentielle au sens de la phrase ;
- les *guillemets* encadrent une citation ou bien des mots inventés ou employés au sens figuré ou familier ;
- les *tirets*, outre le fait qu'ils introduisent un dialogue, peuvent isoler un mot ou un groupe de mots pour les mettre en valeur.

Le style dépend donc du vocabulaire et de la syntaxe, c'est-à-dire comment ce vocabulaire va être mis en cohérence dans les phrases. Mais le style ne peut s'acquérir en quelques semaines. Le style se travaille d'années en années, de lecture en écriture.

Donc, le style c'est bien, mais si vous croyez ne pas en avoir ce n'est pas grave. Contentez-vous de phrases simples, bien construites, claires et concises. C'est ce que l'on appelle en méthodologie « un style professionnel » et c'est après tout ce que l'on demande à un écrit de validation des acquis de l'expérience.

Démarrer un écrit

La page blanche...

Un conseil, si rien ne vient et surtout si vous n'êtes pas accompagné, prenez votre Livret 2, rubrique par rubrique, que ce soit vos motivations, la description d'une situation ou même une question comme il en existe plusieurs dans les livrets du DEAVS ou DU DEAMP[1].

Lisez et relisez la consigne ou la question, prenez une page blanche et écrivez tout ce qui vous passe par la tête, en lien, bien sûr, avec la consigne ou la question. Prenez du temps, laissez votre page, reprenez-la et quand vous ne trouvez plus rien à ajouter : triez !

Triez, il en restera quelque chose... Vous verrez que tout d'un coup le rien devient un petit rien et que ce petit rien va se transformer en trame.

Autre piste. Bien que nous ayons dit plus haut que l'on n'écrit pas comme on parle, il peut être aidant de s'enregistrer et de retranscrire ensuite ce que l'on a dit à voix haute. C'est une manière plus longue et plus fastidieuse mais qui peut aboutir à une libération de l'écrit.

Écrire, c'est sûrement retrouver l'estime de soi que l'on pensait avoir perdue.

Je, nous, on ?

Il est bien libellé dans toutes les notices d'accompagnement : « Insistez sur votre implication personnelle (vous pouvez vous aider *d'une rédaction à la première personne du singulier*) *Mettez en avant votre contribution personnelle dans le cadre d'activités menées collectivement.* »

Le *je* est éminemment conseillé, c'est votre validation des acquis de l'expérience, votre Livret 2. Chaque expérience est unique.

Bien sûr vous n'êtes pas seul, il y a l'équipe, les cadres, la direction mais aussi l'usager et ses représentants. Tout comme le projet de la personne aidée va se construire ensemble, votre pratique se décline au quotidien, ensemble, au sein d'un groupe. La difficulté sera bien de dire *je*, sans se cacher derrière *nous*. Le jury ne doit pas vous chercher, il doit vous voir

1. DEAVS : diplôme d'État d'auxiliaire de vie sociale ; DEAMP : diplôme d'État d'aide médico-psychologique.

et non vous apercevoir. Il faudra donc vous affirmer, vous impliquer, sans oublier que vous n'êtes pas perdu au milieu de nulle part : il y a vous, la personne aidée, le groupe, l'équipe mais aussi la direction, tout cela dans un cadre avec des missions et un environnement.

Quand au *on*, il s'emploie évidemment mais attention *on* exclut souvent *je*. Lorsque vous avez envie de l'employer, posez-vous cette question : « C'est qui *on* ? »

Un vocabulaire riche

Votre écrit sera d'autant plus remarquable s'il propose un vocabulaire diversifié et précis. Il pourra être spécialisé mais ne tombez pas dans le jargon professionnel. De même que, pour correspondre au référentiel, certains candidats ne parlent qu'en termes techniques. Ce défaut pourra vous être reproché au moment du jury. C'est bien de votre quotidien qu'il faut parler avec vos mots et quelques autres...

Améliorer votre vocabulaire

« Faire, avoir, dire, mettre » : ce sont des verbes « à tout faire », utiles, mais bien trop employés. Essayez de trouver systématiquement un synonyme lorsque vous vous retrouvez devant l'un d'eux. Plus simple, pour ceux qui rédigent directement par traitement de texte, il suffit de « cliquer droit » avec la souris et d'atteindre le signet « synonyme ». Dans la liste qui s'affiche vous trouverez sûrement le verbe qui conviendra pour remplacer l'un ces verbes génériques.

On peut toujours consulter un dictionnaire des synonymes, qu'il soit en feuilles et en mots ou bien numérique.

Dictionnaire analogique

Mais plus que de la synonymie, allez chercher l'analogie. Un dictionnaire analogique[1] vous permettra de vous rapprocher au plus près de votre idée de départ, avec en plus, de la nuance.

Il n'est pas possible ici de vous donner des synonymes ou des analogies de ces verbes « touche à tout », la liste serait longue et fastidieuse, car vous l'aurez compris, tout dépend de ce que l'on fait, de ce que l'on a, de ce que l'on dit et de ce que l'on met... Ces verbes n'ont de sens que si l'on connaît leur fonction et quelle action ils induisent.

Outre ces incontournables, le tableau suivant de verbes d'activités vous permettra de modifier vos phrases en les enrichissant.

1. NIOBEY G., GALIANA T. de, JOUANNON G., LAGANE R., *Dictionnaire analogique Larousse*.

Tableau 5.4. Liste des verbes d'activité
(source : Objectif premier emploi, APEC)

Décider	**Gérer**	**Diriger**	**Administrer**	**Produire**
Arrêter	Acquérir	Animer	Classer	Appliquer
Choisir	Amortir	Commander	Compter	Effectuer
Conclure	Budgéter	Conduire	Enregistrer	Exécuter
Déterminer	Assainir	Confier	Établir	Faire
Éliminer	Comptabiliser	Définir	Gérer	Réaliser
Fixer	Consolider	Déléguer	Inventorier	(+ autres activités à caractère répétitif à base d'une technicité)
Juger	Économiser	Gouverner	Ranger	
Opter	Enrichir	Guider	Recenser	
Régler	Équilibrer	Impulser	Régir	
Résoudre	Exploiter	Inspirer	Répertorier...	
Trancher...	Gagner	Instituer		
	Investir Optimiser	Manager Piloter		
	Rentabiliser...	Présider...		
Organiser	**Communiquer**	**Développer**	**Chercher**	**Former**
Aménager	Dialoguer	Accroître	Analyser	Animer
Anticiper	Discuter	Améliorer	Calculer	Apprendre
Arranger	Échanger	Augmenter	Consulter	Conduire
Coordonner	Écouter	Commercialiser	Enquêter	Développer
Distribuer	Exprimer	Conquérir	Étudier	Éduquer
Établir	Informer	Élargir	Examiner	Entraîner
Planifier	Interviewer	Étendre	Observer	Éveiller
Préparer	Négocier	Déclencher	Prospecter	Instruire
Prévoir	Partager	Implanter	Rechercher	Sensibiliser
Programmer	Rédiger	Lancer	Sonder...	Transformer
Répartir	Renseigner	Progresser		Transmettre...
Structurer...	Transmettre...	Promouvoir...		
Contrôler	**Créer**	**Négocier**	**Conseiller**	**Autres...**
Apprécier	Adapter	(commercial, social)	Aider	Éventuellement à préciser
Enquêter	Améliorer	Acheter	Clarifier	
Éprouver	Concevoir	Arbitrer	Comprendre	
Évaluer	Construire	Argumenter	Diagnostiquer	

Examiner	Découvrir	Conclure	Éclairer	
Expérimenter	Élaborer	Consulter	Écouter	
Mesurer	Imaginer	Convaincre	Guider	
Prouver	Innover	Démontrer	Inciter	
Superviser	Inventer	Discuter	Orienter	
Surveiller	Renouveler	Influencer	Préconiser	
Tester	Transformer	Persuader	Proposer	
Valider	Trouver...	Placer	Recommander...	
Vérifier...		Proposer		
		Sélectionner...		

De même le tableau suivant vous propose des analogies de termes très fréquemment employés dans les Livrets de validation de l'expérience.

Tableau 5.5. Quelques analogies bien utiles.

La famille	Le foyer, les parents, la filiation, la génération, les frères et sœurs
Les parents	Le père, la mère, la famille, les grands-parents, les aidants familiaux, les aidants naturels
Les enfants	Les petits, le fils, la fille, le bébé, le garçon, la fille
Les adolescents	Les jeunes, les mineurs
Les frères et sœurs	La fratrie
Les pairs	Les autres jeunes, les autres adultes
Le projet individuel	Le projet personnalisé, le projet individualisé
Les personnes âgées	Les seniors, le troisième âge, le quatrième âge Les vieillards, les aînés
Les adultes	Les majeurs, les grandes personnes
La personne aidée	Le résident, l'usager
Le handicapé	L'adulte handicapé, la personne handicapée, une personne à mobilité réduite, une personne dépendante, la personne déficiente physique ou intellectuelle
Rédiger le projet	Écrire le projet, construire le projet, élaborer le projet
L'autonomie	L'indépendance, non-dépendance
Un délinquant	Un jeune qui commet des délits, des actes répréhensibles
Un établissement	Une institution, une association gestionnaire, une structure
Une maison de retraite	Une résidence pour personnes âgées
Service	Groupe, structure
Emploi	Tâche, fonction, rôle, profession
Activités	Charges, animations, fonctions, occupations, ateliers
Le public accueilli	La population accueillie
Diagnostic	Évaluation, jugement, analyse de la situation

État des lieux	Constat, Point de départ
Accompagnement éducatif	La prise en charge éducative, la mise en œuvre du projet
L'environnement	Le milieu, le cadre
L'observation	L'étude, la compréhension, l'analyse
La direction	Les cadres, l'encadrement, le chef de service, le directeur, la hiérarchie, les responsables
Conférence	Colloque, réunion d'information, journée d'étude
Les problèmes	Les obstacles, les inconvénients, les soucis, les difficultés, les complications
Relation	Lien, corrélation, correspondance, affinité
objectif	But, dessein, projet
Évaluation	Synthèse, expertise, estimation, appréciation
Résultat	Conséquence, effet, aboutissement
L'aide	L'appui, la ressource, le soutien
Problématique	Hypothèse, postulat, principe, supposition
Caractéristiques	Spécificités, particularités, distinctions, symptômes,
Responsabilité	Coordination, implication, à l'initiative de, à l'origine de
Partenaires	Interlocuteurs, collaborateurs, collègues
Mission	Objectif, tâche, emploi
Mesures	Dispositifs, injonctions
Donneurs d'ordre	Financeurs, gestionnaires
Expérience	Pratique, action
Les acquis	Les apports, les leçons, le bénéfice
Rapport	Compte rendu, relevé
Livret 2	Dossier de VAE
Compétence	Aptitude, capacité, domaine, pertinence, professionnalisme, qualification, savoir-faire

Quel temps employer ?

Il est indiqué dans toutes les notices d'accompagnement : « Utilisez de préférence le présent de narration : je réalise, plutôt que j'ai réalisé. »

Ce conseil est pertinent car le présent est un temps où l'on s'affirme au moment même. L'implication est maximale. Par contre, pour toute expérience plus ancienne vous pouvez employer un temps passé, le passé composé et le passé simple par exemple.

Et l'orthographe ?

Les règles de grammaire et d'orthographe on ne les oublie pas, elles sont parfois enfouies dans les mémoires de ces vieux enfants que sont les adultes. Mais, de plus en plus, on s'aperçoit que les jeunes professionnels n'ont parfois pas eu accès à ces règles apprises « par cœur ».

Une grande carence en orthographe est désormais bien repérée dans nombre d'écrits professionnels. La faute à qui ? aux nombreuses réformes de l'Éducation nationale ? à l'ordinateur ? aux textos ? en fait peu importe !

Quelles qu'en soient les raisons, nous pensons vraiment que ce sont ces défaillances en orthographe, grammaire et conjugaison qui peuvent bloquer l'écriture et surtout qui vont alimenter l'idée négative que l'on se fait de son propre écrit. C'est cette peur du jugement et ce sentiment d'un retour à l'échec qui empêche l'écriture de devenir libre et sereine.

Même si vous doutez tout au long de l'écriture de votre dossier, même s'il s'écrit dans la douleur, votre ressenti sera comparable à celui de tous les autres candidats : une grande fierté d'avoir su transcrire votre quotidien et votre pratique.

Les fautes les plus fréquentes

Les fautes de participe passé

RÈGLES SIMPLES DE L'ACCORD DU PARTICIPE PASSÉ

- Le participe passé conjugué avec l'auxiliaire « *être* » s'accorde *en genre et en nombre avec le* sujet *du verbe* :

Exemple :

Ses fils sont partis.
Ses filles sont parties.

- Le participe passé conjugué avec l'auxiliaire « *avoir* » s'accorde *en genre et en nombre* ***avec le*** complément d'objet direct *(COD), si celui-ci est placé avant* :

Exemple :

Ces preuves, je les ai annexées.
Cette lettre de signalement, il l'a écrite.

- Si le complément d'objet direct est placé après ou s'il n'existe pas, le participe passé conjugué avec "*avoir*" reste invariable :

Exemple :

J'ai annexé ces preuves.
Il a écrit cette lettre de signalement.

- Le participe passé sans auxiliaire (à valeur d'adjectif) s'accorde *en genre et en nombre avec le* nom *ou le* pronom *auquel il se rapporte* :

Exemple :

Des années d'expériences validées.
Un livret rempli.
Des phrases aérées.

Exceptions

La grammaire française est pavée d'exceptions...

☞

☞

• L'auxiliaire *être* se conjugue au participe passé avec l'auxiliaire *avoir*, mais le participe passé s'accorde comme avec l'auxiliaire *être*, en genre et en nombre avec le sujet :

Exemple :

Les preuves ont été annexées au Livret 2.

Les documents ont été annexés au Livret 2.

• Les verbes pronominaux : avec un verbe essentiellement pronominal, le participe passé s'accorde toujours en genre et en nombre avec le sujet :

Exemple :

Elle s'est enfuie.

• Avec un verbe pronominal de sens passif, le participe passé s'accorde en genre et en nombre avec le sujet :

Exemple :

Cette maison s'est vendue très cher.

• Pour les autres verbes pronominaux : quand le pronom réfléchi *se* est COD, le participe passé s'accorde avec le sujet

Exemple :

Elles se sont aperçues.

• Quand le COD est différent du pronom réfléchi « se », le participe s'accorde avec le COD seulement si celui-ci est placé avant :

Exemple :

La jeune s'est offert des fleurs (COD placé après, pas d'accord avec le sujet : la jeune fille a offert *quoi* (*des fleurs* = COD) *à elle* (= COI)).

Regardez les fleurs que s'est offertes la jeune fille.

Pour vous rassurer, peu de lecteurs connaissent ces exceptions...

La conjugaison du conditionnel et du futur

LA TERMINAISON DE LA 1RE PERSONNE DU SINGULIER DES VERBES DU 1ER GROUPE AU FUTUR OU AU CONDITIONNEL

Conditionnel, terminaison en *-ais* : « J'aimerais valider plusieurs domaines de compétence. »

Pour vous aider, conjuguez à la 3e personne du singulier : « Il aimerait valider. »

Futur, terminaison en *-ai* : « Avec ce dossier, dès le 1er jury, je validerai au moins trois domaines de compétences. »

Pour vous aider, conjuguez à la 3e personne du singulier : « Il validera au moins trois domaines de compétences. »

Les fautes d'accent

Avec les ordinateurs ces fautes sont le plus souvent reprises par le correcteur d'orthographe, mais certains Livrets 2 sont encore manuscrits.

Des exemples simples

- *L'accent grave* : « le père, la mère »
- *L'accent aigu* : « l'enfant l'appelait « Pépé »
- *L'accent circonflexe* fait appel à des atavismes, la trace d'un *s* perdu mais présent dans des mots de la même famille : h**ô**pital, ho**s**pitalier ; for**ê**t, fore**s**tier

La forme du Livret 2

Doit-on respecter le nombre de pages ?

Souvent les candidats nous demandent s'il faut se limiter aux nombres de pages définies dans la présentation initiale.

Il est évidemment autorisé de dépasser le nombre de pages allouées à chaque partie mais attention, si le législateur a organisé le Livret sous cette forme c'est qu'il estime que c'est le bon volume. On peut passer de deux pages à trois ou quatre, mais pas plus. Pensez au jury... Un candidat dont le Livret 2 répond au cadre imparti prouvera qu'il a un esprit de synthèse et qu'il respecte les règles définies par la VAE.

Manuscrit ou tapé ?

« La rédaction de votre Livret 2 peut être manuscrite. » C'est ainsi que commencent les conseils, sur la forme que peut prendre votre écrit, dans toutes les notices d'accompagnement[1]. Dans cette phrase vous aurez remarqué « peut ».

Nous le savons, tous les foyers ne sont pas équipés d'un ordinateur, et lorsqu'il y en a un, vous avez parfaitement le droit de ne pas savoir vous en servir.

Votre Livret 2 peut être écrit à la main, mais si vous pouvez vous faire aider pour qu'il soit tapé, faites-le. Si vous le rendez manuscrit, il faut que votre écriture soit irréprochable. Claire, lisible, aérée, sans rature... Il faut que vous pensiez :

- à laisser des marges ;
- à aller à la ligne à chaque paragraphe ;
- à penser aux alinéas ;
- à ne pas faire de fautes (le correcteur d'orthographe ne vous sauvera pas).

1. Toutes, presque, car la VAE du CAFDES, dont les Livrets viennent juste de paraître, précise : « La rédaction de votre livret doit se faire avec l'outil informatique. »

Vous voyez, il existe beaucoup de contraintes. D'autant que si des fautes sont corrigées ou même s'il existe des paragraphes entiers à effacer, vous serez sûrement très désappointé devant tout ce travail à recommencer.

Le mieux est de vous faire aider, voire de vous allouer les services payants d'une secrétaire professionnelle. En tout cas n'essayez pas de taper votre dossier vous-même si vous ne savez pas vous servir du traitement de texte d'un ordinateur. Le temps que vous y passeriez annihilerait tout le travail de mémoire de votre expérience, provoquant un blocage et surtout de l'énervement.

Toutefois, si vous choisissez d'utiliser l'outil informatique, vous veillerez à vous rapprocher de la mise en page proposée dans le livret original afin d'en faciliter l'appropriation par le jury.

Si vous taper ou faites taper votre Livret 2, respectez des règles simples :

- une police ordinaire : Arial, Times New Roman, Century Gothic ;
- un format de 11 ou 12 ;
- un retrait de première ligne ;
- un interligne simple.

Évitez la couleur, restez sobre. Comme il est indiqué dans la consigne ci-dessus, rapprochez-vous de la mise en page initiale. Vous trouverez facilement sur internet des livrets 2 vierges, tout diplôme, sous un format WORD, ce qui vous permettra de rédiger directement sur le modèle. Et n'oubliez pas de repaginer vos feuillets, surtout si vous en rajoutez. Enfin, utilisez les notes de bas de page pour référencer les éléments de preuve que vous placerez en annexe.

Aucune consigne n'est précisée concernant la présentation, mais en ayant participé à plusieurs jurys de validation des acquis, nous pouvons relater qu'il est très agréable de feuilleter un livret 2, broché ou relié par une spirale, avec la première et la quatrième de couverture cartonnées et munies d'un transparent.

Certains Livrets arrivent vers les certificateurs sans lien et non paginés. Tout comme un mémoire de fin d'études, nous pensons que la forme du Livret 2 de validation fait partie de ce moment de d'estime de soi que l'on ressent très peu souvent dans une vie étudiante ou professionnelle. À ce moment-là, le livret 2 ressemble à un mémoire... Il faut donc soigner votre présentation, c'est une marque de respect envers le jury mais aussi envers vous-même.

Le nombre d'exemplaires est variable selon les académies ou les DRASS. Reportez-vous aux injonctions du courrier qui accompagnait votre Livret 2 lorsque vous l'avez reçu. Si vous ne le reliez pas vous-même, n'oubliez pas de prendre rendez-vous chez un reprographe, car vous le savez déjà, les derniers jours ne seront pas assez longs et votre écriture se terminera dans l'urgence.

Cette fois c'est fait ! le livret est prêt, dupliqué et envoyé à l'organisme certificateur. Voilà une bonne chose de faite. Il est temps maintenant de vous préparer à l'entretien devant le jury.

L'ENTRETIEN DEVANT LE JURY[1]

Quelques semaines après avoir envoyé ou déposé les exemplaires de votre livret de validation des acquis, vous serez convoqué par courrier pour l'entretien avec le jury.

Il pourra se passer une heure entre le moment où vous entrerez dans la salle d'entretien et le moment où vous la quitterez.

Soyez bien à l'heure, prévoyez même dix minutes d'avance car parfois les entretiens sont plus courts (certains candidats sont dispensés de plusieurs domaines de compétences) et le jury peut venir vous chercher avant l'heure de votre rendez-vous.

Munissez-vous de votre carte d'identité et de votre convocation, ces deux documents vous seront demandés dès votre arrivée dans la salle.

Vous avez avec vous votre Livret 2 (en effet, n'oubliez pas d'en garder un exemplaire), il vous sera utile si le jury vous demande des précisions en vous citant la rubrique et la page à éclaircir.

Vous pouvez aussi prévoir un plan détaillé de votre intervention. Notez bien, de votre intervention et non de votre Livret 2. En effet, celle-ci ne doit pas être le « copier-coller » de votre Livret 2. Le jury l'a lu, inutile de lui en faire un résumé.

Votre prestation orale doit présenter votre démarche et venir préciser — le cas échéant — des paragraphes qui ont pu vous paraître légers ou même ajouter des situations oubliées.

Ces dix ou quinze minutes peuvent s'articuler de la manière suivante (ce qui suit est libellé sous forme de conseil, il n'y a en rien de caractère obligatoire) :

- Présentez-vous prénom et nom (et non l'inverse !), votre âge, votre situation familiale.
- Expliquez dans quelle sorte d'établissement vous travaillez en ce moment (restez générique, vous n'êtes absolument pas obligé de nommer la structure).
- Si vous êtes demandeur d'emploi précisez-le.

1. Voir « La composition du jury » dans la 1re partie du guide.

- Précisez ensuite pour quelle raison vous avez entamé une démarche de validation des acquis de l'expérience. Vous pouvez reprendre ici la trame de la rubrique nommée « vos motivations » au début du Livret 2.

Comme nous l'avons déjà dit[1], vos raisons peuvent être multiples. Elles sont toutes respectables. Seule restriction de notre part, ne dénigrez pas la VAE comme si c'était la dernière possibilité pour vous de vous qualifier, après des échecs ou des refus de formation. Cela peut être vrai, mais montrez justement au jury que cette quatrième voie vers la certification existe et qu'elle est tout aussi valable que les autres.

Enfin transmettez ce que l'élaboration de votre dossier vous a apporté. De cet exercice de retour sur votre expérience et de transcription des acquis de cette expérience, vous ne pouvez pas en être resté indemne. Dans le bon sens du terme. Vous avez changé, votre regard sur votre pratique et sur votre parcours a changé. Votre entourage aussi a sûrement changé. Témoignez de ces moments et essayez d'expliquer ce que cela a induit pour vous.

N'hésitez pas à vous entraîner, devant des amis ou en famille. Normalement un service d'accompagnement VAE doit vous préparer en vous proposant des simulations de jury. Si vous êtes seul, enregistrez-vous, répétez devant un miroir.

Pour votre exposé, ne lisez pas le nez dans votre papier, n'ânonnez pas par cœur le référentiel métier ou même une trame que vous auriez apprise pour sembler plus à l'aise. Le « par cœur » détruit le sens et la cohérence d'un exposé. Essayez de paraître détendu, regardez le jury, chaque membre, l'un après l'autre.

Si vous bafouillez ne vous inquiétez pas, reprenez calmement. Le jury sera sûrement là pour vous rassurer. Il est bien dit au cours des séances de préparation des jurys que l'entretien de VAE n'est pas un entretien pour relever les carences d'un professionnel, mais que c'est bien une séquence où l'on doit valoriser ses compétences.

Le jury va donc vous interpeller pour vous permettre d'éclaircir ou de préciser ce que vous avez écrit, mais il va aussi s'appuyer sur le référentiel de compétences car il sera la base du relevé de décision qu'il doit remplir après la délibération. Vous pouvez donc aussi vous munir de ce document, afin de ne pas être trop pris au dépourvu si une question s'y réfère. Normalement l'échange de questions-réponses dure environ une trentaine de minutes.

C'est fini, le jury vous remercie. Il va vous falloir attendre quelques jours, voire quelques semaines avant l'énoncé des résultats.

1. Reportez-vous au chapitre sur les motivations en général.

Validation partielle

Si vous présentez partiellement votre Livret 2, du fait d'un deuxième passage ou d'une dispense de validation, expliquez-le rapidement en introduction. Le jury l'aura de toute façon intégré à la lecture de votre livret, car nous l'avons déjà dit précédemment, vous ne présentez que les domaines de compétences qui vous manquent.

PARTIE 2

LES FICHES VAE PAR DIPLÔME

- **Diplômes de niveau V**
  - DEAVS
  - DEAF
  - DEAMP
- **Diplômes de niveau IV**
  - DEME
  - DETISF
- **Diplômes de niveau III**
  - DEES
  - DEETS
  - DEASS
  - DEJE
- **Diplômes de niveau II**
  - DEMF
  - CAFERUIS
- **Diplômes de niveau I**
  - DEIS
  - CAFDES

SPÉCIFICITÉS DES MÉTIERS DE L'INTERVENTION SOCIALE DU NIVEAU V AU NIVEAU I

> « Le travail social a pour vocation première d'aider à ce qu'une personne, une famille ou un groupe de personnes ait accès aux droits que la société lui confère et crée ou recrée des liens sociaux. C'est à partir des attentes du bénéficiaire, de ses problèmes, de la perception qu'il a de son propre devenir, de ses potentialités visibles ou à faire émerger, que doit se développer le travail social[1]. »

La VAE est dans le champ de l'intervention sociale depuis 2003. Le premier diplôme accessible est le DEAVS depuis de nombreux diplômes ont été réformés et sont assortis de la possibilité d'accès par VAE...

Les missions des travailleurs sociaux sont différentes selon les diplômes nous allons les exposer de façon détaillée ultérieurement. Cependant il est à noter que les compétences mises en œuvre et donc acquises peuvent se décliner selon deux axes transversaux à tous ces métiers :

- *une éthique et des règles déontologiques* : des savoir-être, un positionnement qui prennent en compte des règles et des lois (discrétion, secret, « bien-traitance », communication et place de l'usager...) sont en vigueur dans tous les métiers que nous présenterons dans les fiches diplômes qui suivent ;
- *une méthodologie de l'intervention* : un ensemble de méthodes et de techniques (projet, travail d'équipe, écrits professionnels...) participent à une bonne maîtrise de chacun de ces métiers.

Dans l'intervention sociale et dans tous ses métiers les professionnels se situent dans la relation à l'autre et ils doivent mesurer la distance nécessaire quelle que soit la proximité qu'impose l'exercice de leurs fonctions.

FICHES DE FAMILIARISATION AVEC LES LIVRETS 2

Les fiches sont construites pour vous familiariser avec le livret 2 de VAE, elles vous aideront à « décoder » et à vous approprier plus aisément les documents reçus avec votre Livret 2 (référentiel et notice d'accompagnement). Elles vous permettent de vous repérer pour bien comprendre les consignes et elles vous donnent des pistes pour rédiger votre dossier :

- Le premier objectif est de repérer les « incontournables » des différents domaines de compétences, l'essentiel, le « cœur du métier » que le jury

1. Définition donnée par le CSTS (Conseil supérieur en travail social).

attendra au minimum dans vos écrits : « C'est au regard de ces domaines de compétences que le jury procédera à la validation des acquis de l'expérience[1]. »

- Le second objectif est de présenter quelques courts exemples et des questions qui vous aideront à choisir les situations et exemples que vous présenterez.

> *Les exemples sont là pour illustrer* chaque domaine de compétences. Cependant, votre *livret est unique*, il ne doit ressembler à aucun autre, nous vous conseillons donc de trouver des exemples de votre propre quotidien qui se rapprochent de ceux proposés dans les fiches. *Attention cela n'implique pas que ce soit suffisant* ! Il y a d'autres aspects importants comme la connaissance du contexte professionnel, l'analyse globale des expériences.

Quelques conseils pour bien comprendre la logique de chaque livret complètent ces fiches et clarifient certaines questions que se posent régulièrement les candidats.

Bibliographie : pour chaque diplôme vous trouverez un ou plusieurs ouvrages qui peuvent être utiles à l'élaboration de votre Livret 2. En général ce sont des livres « fondamentaux » qui permettent de préciser certaines notions de base et resituer votre métier. Ces ouvrages comportent eux-mêmes des bibliographies si vous ressentez le besoin de compléter vos connaissances.

1. Extrait de la notice d'accompagnement des livrets 2.

Chapitre 1

DEAVS

Diplôme d'État d'auxiliaire de vie sociale

Décret n° 2007-348 du 14 mars 2007. Arrêté du 4 juin 2007

Le Livret 2

Reportez-vous page 51 pour les indications générales.

De la page 15 à la page 27 : vous avez à présenter les différents domaines de compétences, vous êtes guidés par un questionnaire. En général essayez de rester dans le cadre proposé.

Cependant il semble que certaines questions demandent un développement plus important que l'espace imparti dans le livret. Il s'agit particulièrement de la présentation de situations et c'est ainsi formulé : « À partir d'une situation donnée, décrivez... »

Soyez attentifs aux consignes. Certaines questions demandent des réponses d'ordre général qui mettront en avant des *connaissances*, par exemple : « Comment situez-vous le champ et les limites... ? », ou : « Décrivez la structure... »

D'autres questions demandent de montrer vos *capacités d'analyse* par exemple : « Comment évaluez-vous les attentes et les choix de la personne ? », ou : « Qu'est qui vous semble important pour respecter l'intégrité de la personne ? »

Ces questions ne demandent pas d'exemples précis à l'écrit mais pour l'oral il sera judicieux d'en avoir en tête pour étayer votre argumentation.

D'autres consignes imposent la présentation d'exemples précis : « À partir d'une situation... », ou : « Choisissez deux situations... » Il s'agit là de prendre appui sur des *situations concrètes* par exemple : « Mme Untel a 92 ans ; elle est seule, après le décès de son mari il y a deux ans, elle souffre de (etc.). »

Définition du métier

L'auxiliaire de vie sociale réalise une intervention sociale visant à compenser un état de fragilité, de dépendance ou de difficultés dû à l'âge, la maladie, le handicap ou les difficultés sociales par une aide dans la vie quotidienne. Il *favorise ainsi le maintien* de la personne *au domicile* et évite son *isolement*. Il veille à la préservation ou à la restauration de l'autonomie de la personne et l'accompagne dans sa vie sociale et relationnelle.

Il intervient auprès des familles, des enfants, des personnes en difficulté de vie ou en difficulté sociale, des personnes âgées, malades ou handicapées. Il réalise cette intervention au domicile, lieu de résidence privative (habituel ou de substitution) de la personne aidée ; et l'accompagne dans son environnement proche.

L'auxiliaire de vie sociale repère les potentialités et les incapacités constatées de la personne, ses besoins et ses attentes. Il met en œuvre un accompagnement adapté à la situation de la personne soit en l'aidant à faire, soit en faisant à sa place lorsque la personne est manifestement dans l'incapacité d'agir seule. Il évalue régulièrement et réajuste son intervention en s'assurant du consentement de la personne et de son implication à toutes les phases du projet individualisé et en collaboration avec l'encadrement.

L'auxiliaire de vie sociale, s'il dispose d'une certaine autonomie dans son intervention, inscrit son action dans le cadre d'un projet individualisé contractualisé avec la personne et dans le cadre des missions qui lui sont confiées par l'encadrement. Il contribue à l'amélioration de la qualité du service et travail en liaison étroite avec les autres intervenants à domicile, les institutions sanitaires, sociales et médico-sociales.

Dans le cadre du projet individualisé, l'auxiliaire de vie sociale accompagne et aide la personne dans les actes essentiels (aide directe à la personne) et dans les activités ordinaires de sa vie quotidienne. Il favorise les activités et les relations familiales et sociales de la personne.

L'auxiliaire de vie sociale adopte un comportement professionnel en cohérence avec l'éthique de l'intervention sociale et veille tout particulièrement au respect des droits et libertés de la personne et de ses choix de vie dans l'espace privé de la personne qui est également son espace de travail.

LES DOMAINES DE COMPÉTENCES

DC1 : connaissance de la personne

Situer la personne aux différents stades de son développement

Il est indispensable que vous abordiez comment vous prenez en compte dans votre accompagnement l'étape dans laquelle se situent les personnes que vous accompagnez.

- Une personne âgée : il s'agit de repérer *les deuils* et *les pertes* : veuvages, limitations des activités sociales, pertes de relations amicales, familiales rétrécissement sur l'univers domestique ou au contraire liens sociaux denses, activités sociales et familiales.
- Une personne handicapée : est-ce un enfant ? quel âge a-t-il ? comment repérez-vous où il se situe dans les apprentissages ?

Montrez que vous dissociez bien ce qui est du handicap ou de la pathologie avec l'être humain (ne pas réduire la personne à son handicap).

Situer la personne aidée dans son contexte social et culturel

Il s'agit de savoir prendre en compte l'histoire des personnes, sans être indiscret. Il faut montrer dans vos exemples que vous avez repéré les habitudes de vie.

- *La religion* de la personne (s'il y a lieu par rapport à l'alimentation : pas de porc, vendredi maigre, etc.).
- *Le pays, la région d'origine* de la personne aidée (cuisine à l'huile, soupe, etc.).
- *La pudeur* de la personne et les habitudes culturelles par rapport à l'hygiène.
- *Le métier d'origine* : manuel, intellectuel (adapter les propositions de loisirs, de lecture en fonction des centres d'intérêt).

Montrez que vous personnalisez vos interventions en fonction de l'histoire de chacun.

Appréhender les incidences des pathologies, handicaps et déficiences dans la vie quotidienne des personnes

Il s'agit de montrer que :

- vous repérez les *conséquences* de certaines maladies et déficiences sur le comportement des personnes aidées ;

- vous repérez des *changements* qui doivent être transmis (à la famille, au médecin, au service...).

- Le risque de suicide dans les dépressions.
- La perte de repères dans l'espace et temps pour les démences.
- Les blocages et rigidité pour les personnes atteintes de la maladie de Parkinson.

Montrez que vous observez les signes d'alarmes et que vous comprenez ce qui est de l'ordre de la maladie.

DC2 : accompagnement et aide individualisée dans les actes essentiels de la vie quotidienne

Assurer le confort, la sécurité et l'aide aux activités motrices et aux déplacements

Il s'agit de montrer de quelle façon vous procédez pour effectuer des manutentions en permettant aux personnes aidées d'être en *sécurité* afin de maintenir leur *autonomie* et cela en vous protégeant corporellement.

- Comment faites-vous pour aider aux déplacements entre le lit et le fauteuil ?
- Pour l'habillage et le déshabillage, comment faites-vous ? Que dites-vous ? Que fait la personne ?
- Quelle technique utilisez-vous pour permettre à la personne de manger seule si c'est possible ?
- Connaissez-vous des aides techniques : empêcher l'assiette de glisser, rebords, couverts...
- Comment faites-vous avec les tapis ?

Montrez que vous êtes soucieux du confort des personnes.

Établir une relation d'aide en stimulant l'autonomie des personnes

Il s'agit de montrer que vous êtes attentif à l'autonomie et que la personne est associée systématiquement à ces gestes techniques.

Vous devez argumenter et expliquer ce que vous faites. *La qualité de la relation* doit être visible.

La personne aidée est au centre de votre intervention, les actes de la vie quotidienne sont destinés à son bien-être.

- Comment sollicitez-vous la participation de la personne au moment de la toilette ?
- Comment êtes-vous attentif à la valoriser ?
- Comment aidez-vous une personne aidée à participer au choix de ses vêtements ?
- Comment communiquez-vous ? Que dites-vous ?

Montrez votre « style » de communication : patience, respect, écoute.

Repérer et évaluer les besoins et les capacités de la personne aidée dans les actes de la vie quotidienne

Il est indispensable de monter une démarche logique entre *observer*, *comprendre* et *valoriser* la personne (où en est-elle ?). Abordez les notions de maintien des acquis et d'autonomie.

- Connaissez-vous les besoins (la pyramide de Maslow)[1] ?
- Que faites-vous de vos observations et des informations reçues ?
- Comment utilisez-vous les cahiers de liaison ? les fiches d'observation ?

Présentez les outils que vous utilisez ? quels documents ? pour qui ?

Contribuer à la satisfaction des besoins fondamentaux afin d'assurer une bonne hygiène de vie

Il s'agit de montrer que vous avez un *savoir-faire technique* en lien avec la situation de la personne : toilette, alimentation, élimination, sécurité, etc., et que vous avez un rôle actif.

- Comment procédez-vous sur le plan technique pour l'aide à la toilette ?
- Comment faites-vous un shampoing ?

Montrez que vous avez acquis des techniques précises.

Détecter les signes révélateurs d'un problème de santé ou de mal-être et prendre les dispositions adaptées

Il s'agit de faire le lien entre ce que vous savez de la pathologie ou de risques inhérents à certaines situations et des signes que vous repérez

1. Voir annexe.

comme inquiétants dans une situation précise, urgente ou non. Abordez les notions *d'observation et de transmission.*

- Avez-vous déjà transmis des signes d'alerte ? lesquels ? pourquoi ?
- Quelles ont été les conséquences de signalement ?
- Avez-vous dû agir dans l'urgence ?

Montrez que vous savez être très vigilant et repérer les signes de changement, ce qui mérite d'être transmis (dans quels délais et à qui ?).

DC3 : accompagnement dans la vie sociale et relationnelle

Avoir une communication adaptée à la personne

Il s'agit de montrer que vous distinguez la communication verbale et non verbale.

Vous comprenez ce que la personne aidée exprime soit par la parole soit par des signes ou des gestes auxquels vous êtes attentif.

- Les manifestations de douleurs, de bien-être...
- L'écoute des confidences.
- Les sentiments de découragement, colère, chagrin, etc.

Montrez votre recherche de compréhension quelles que soient les difficultés de communication de la personne.

Favoriser et accompagner les relations familiales et sociales de la personne

Il s'agit de montrer que vous pouvez aider la personne aidée *à maintenir des liens* avec l'extérieur.

- Comment échangez-vous et communiquez-vous autour de la famille pour stimuler la mémoire ?
- Comment favorisez-vous et aidez-vous à la correspondance ?
- Comment utilisez-vous l'album photo ?

Montrez que vous êtes vigilant à la lutte contre l'isolement.

DC4 : accompagnement et aide dans les activités ordinaires de la vie quotidienne

Réaliser des repas adaptés et attractifs

Il s'agit de montrer que vous pouvez prendre en compte la nécessité des *besoins alimentaires* et de l'*équilibre* tout en vous appuyant sur les *goûts, le plaisir.*

- Comment variez-vous les menus ?
- Comment présentez-vous les plats ?
- Comment faites-vous participer la personne à l'épluchage ?
- Comment mettez-vous la table ?

Réaliser des achats alimentaires et participer à l'élaboration des menus

Il s'agit d'établir une liste de courses avec la personne, l'associer *aux choix.*

Rester dans ses *habitudes* dans les choix des produits mais suggérer parfois des changements.

Veiller aux dates de péremption.

- Comment dressez-vous une liste de menus et de courses hebdomadaires pour une personne âgée (ayant une pathologie type diabète, cholestérol) ?

Montrez que vous savez allier santé, prévention et plaisir.

Entretenir le linge et les vêtements

Il s'agit de respecter les *consignes* d'entretien, de *maîtriser* les connaissances des produits et des textiles. Ces tâches techniques se réalisent à domicile, ne pas l'oublier, et non pas en collectivité, continuez les habitudes de vie.

- Comment procédez-vous pour le tri, le lavage, le séchage du linge ?
- À quoi faites-vous attention pour le confort de la personne ?
- Comment faites-vous si les produits utilisés par la personne ne vous conviennent pas ? Vous adaptez-vous ou introduisez-vous du changement ? et comment ?

Montrez que vous avez des savoir-faire mais que vous savez les adapter à la demande de la personne.

Entretenir le cadre de vie

Il s'agit de montrer des *savoir-faire techniques* pour l'entretien du logement. Votre sens de l'*organisation* prenant en compte les contraintes de temps et les demandes.

- Comment vous organisez-vous ? seul ? avec la personne aidée ?
- Quelle est votre programmation pour réaliser vos tâches ? à la journée ? à la semaine au mois ?

Montrez que vous avez de bonnes bases techniques ainsi qu'une organisation planifiée.

Aider à la gestion des documents familiaux et aux démarches administratives courantes

Il s'agit de montrer des savoirs pour proposer du classement de documents administratifs, de l'aide à gérer des formulaires. D'accompagner, si besoin, la personne dans ses démarches.

- Comment organisez-vous un échéancier ?
- Comment conseilleriez-vous la marche à suivre à une personne aidée à faire une demande d'APA[1] ?

Montrez que vous restez dans les limites de votre rôle.

DC5 : participation à la mise en œuvre, au suivi et à l'évaluation de projet individualisé

Adopter des comportements qui respectent la personne et son lieu de vie

Il s'agit montrer, tant dans vos actes que dans vos paroles, que vous mesurez l'importance du *respect de l'intimité* de la personne, de son histoire et des lieux dans laquelle se déroule votre intervention.

- De quelle façon êtes-vous discret à l'intérieur du domicile ? (frapper avant d'entrer ? fermer la porte de salle de bain ou de la chambre ?)
- Comment nommez-vous la personne ?
- Comment et à qui parlez-vous de la personne à l'extérieur ? (voisin ? commerçant ?)

1. APA : allocation personnalisée à l'autonomie.

Montrez que vous êtes attentif à tout signe de négligence ou de maltraitance.

Contribuer à l'élaboration du projet individualisé

Bien que rarement formalisé, on peut considérer qu'il y a toujours un projet individualisé dans les situations qui demandent de l'aide à la personne au domicile. C'est-à-dire que pour que la personne reste à son domicile il faut prendre en considération ses souhaits ceux de sa famille, et mettre en œuvre des moyens d'aide adaptés.

C'est un *travail d'équipe* auquel vous contribuez par vos observations, vos remarques et vos idées. C'est une *recherche de cohérence*, tous les intervenants doivent aller dans le même sens en fonction des *objectifs* du projet.

- Échanges en réunion ou de façon plus informelle avec les autres professionnels autour de la même situation en vue d'améliorer le bien-être.
- Comment prenez-vous en compte les facteurs d'évolution et de régression en fonction de la situation choisie ?
- Comment communiquez-vous avec la personne sur ce projet ?
- Mise en place dans votre intervention de décisions prises dans le projet.

Montrez que vous êtes en capacité de suggérer des idées ainsi que d'écouter ce qui est demandé dans un travail d'équipe, en respectant les choix.

Analyser et rendre compte de son intervention

Il s'agit de vous *poser des questions* et ne pas reproduire automatiquement toutes vos actions, pourquoi vous agissez comme cela dans telle situation ? avec quels principes ?

- Quelles questions vous posez-vous ?
- À qui rendez-vous compte de votre intervention ?
- Comment rendez-vous compte ? par oral ? par écrit ? les deux ?

Montrez que vous savez vous remettre en question et réajuster si besoin votre intervention.

DC6 : communication professionnelle et vie institutionnelle

Travailler en équipe pluri-professionnelle

Il est indispensable de *connaître votre institution*, son statut, l'organigramme. Vous devez pouvoir nommer les missions et les objectifs. Il s'agit de repérer les *différents professionnels* leurs rôles et les rapports hiérarchiques.

- Connaissance de votre fiche de poste.
- Êtes-vous salarié en tant que mandataire ou prestataire ?
- Êtes-vous salarié d'une institution régie par une association loi 1901 ? par un service public ? une entreprise commerciale ?
- Qui est votre responsable hiérarchique ?
- Quels autres professionnels sont salariés ? (aide soignant ? TISF ? responsable de secteur ?).

Montrez que, bien que vous soyez seul pendant le temps d'intervention, vous avez conscience d'être en lien avec une équipe. Abordez les notions de complémentarité.

Identifier les principaux dispositifs sociaux afin d'orienter la personne aidée vers les acteurs compétents

Il s'agit de *vous repérer* dans les démarches et les mesures auxquelles peuvent recourir les personnes aidées pour *les informer* sur les démarches à suivre.

- Où s'adresser pour la demande d'APA ?
- Quel est l'organisme chargé des dossiers de demande d'allocation pour les personnes handicapées ?
- Quel est le rôle du délégué à la tutelle ?

Montrez une certaine ouverture aux différents professionnels des dispositifs sociaux.

Positionner l'intervention à domicile dans le champ de l'action sociale et médico-sociale

Il s'agit *d'expliquer* votre rôle dans votre structure et *les limites en matière de soins* particulièrement, de connaître les autres professions de l'action sociale et médico-sociale.

- Connaissez-vous d'autres services et leurs missions ?
- Comment savez-vous les actes que vous pouvez réaliser dans le domaine du soin ?
- Connaissez-vous la loi concernant la prévention de l'exclusion sociale ? Quels liens faites-vous avec votre rôle ?
- Connaissez-vous le service de soins à domicile ?

Montrez que vous pouvez faire preuve de responsabilité dans les limites de votre rôle.

Participer à la vie de l'établissement ou du service

Il s'agit de montrer comment vous êtes *impliqué* dans la vie de l'institution.

- Quelles sont les différentes réunions ?
- Comment accueille-t-on les stagiaires ?

Montrez de la curiosité et de l'implication.

LES ANNEXES (ÉLÉMENTS DE PREUVE)

Peu d'écrits sont généralement réalisés par les professionnels qui interviennent à domicile mais vous pouvez cependant mettre en annexe :

- des extraits d'observations que vous avez notées sur le cahier de coordination ;
- des attestations de participation à des journées d'études ;
- des comptes rendus de réunion attestant votre participation ;
- des attestations de votre employeur concernant : l'accueil de stagiaire, la participation à des groupes de travail à l'interne...

Cette liste n'est pas exhaustive, d'autres documents peuvent vous paraître pertinents.

Bibliographie

LEDUC F., *Guide de l'aide à domicile*, Paris, Dunod, 2001.

DEGENAERS G., *Auxiliaire de vie sociale : comment aborder ce métier d'avenir*, Paris, Éditions ASH, 2006.

RAGUÉNÈS R., *Aide à domicile, rôle et méthodes de travail*, Paris, Frison-Roche, 1995.

Les dispenses

Si vous possédez les diplômes suivants vous validez automatiquement ces domaines de compétences :

DEAMP	**DC1 / DC2 / DC3 / DC5**
DEAS	**DC1 / DC2**
Titre professionnel assistant de vie ou titre professionnel assistant de vie aux familles	**DC2 / DC4**
Certificat employé familial polyvalent suivi du certificat de qualification professionnelle assistant de vie	**DC4**
BEP Carrières sanitaires et sociales	**DC1 / DC4**
CAP employé technique de collectivité ou CAP assistant technique en milieu familial ou collectif	**DC4**
BEP Agricole option services spécialités service aux personnes	**DC4**

Chapitre 2

DEAF

Diplôme d'État d'assistant familial

Décret n° 2005-1772 du 30 décembre 2005. Arrêté du 14 mars 2006.
Circulaire n° DGAS/SA4A : SD2B/2005/303

Le Livret 2

Reportez-vous page 51 pour les indications générales.

De la page 12 à la page 19 : vous avez à présenter les différents domaines de compétences, vous êtes guidés par un questionnaire. En général essayez de rester dans le cadre proposé.

Cependant il semble que certaines questions demandent un développement plus important que l'espace imparti dans le livret. Il s'agit particulièrement de la présentation de situations et c'est ainsi formulé : « Donnez des exemples... »

Soyez attentifs aux consignes. Certaines questions demandent des réponses d'ordre général qui mettront en avant des *connaissances*, par exemple : « Comment situez-vous un enfant accueilli... ? » ou : « Quels éléments du vécu de l'enfant... »

D'autres questions demandent de montrer vos *capacités d'analyse* par exemple : « Comment conciliez-vous les normes de votre modèle éducatif... » Donnez des exemples. Ces questions demandent des réponses d'ordre général suivies d'exemples précis.

D'autres consignes imposent la présentation d'exemples précis : « Donnez des exemples d'accueil... » Il s'agit de présenter d'emblée des situations concrètes : « Marion âgée de huit ans... »

La définition du métier

L'assistant familial est un *travailleur social* qui exerce une profession définie et réglementée d'accueil permanent *à son domicile et dans sa famille* de mineurs ou de jeunes majeurs de 18 à 21 ans. L'accueil peut être organisé au titre de la protection de l'enfance[1] ou d'une prise en charge médico-sociale ou thérapeutique. L'assistant familial doit être titulaire d'agrément délivré par le président du conseil général après vérification que ses conditions d'accueil garantissent *la santé*, la *sécurité* et *l'épanouissement* des mineurs accueillis.

En cas de circonstances imposant une séparation entre parents et enfant, le fondement de la profession d'assistant familial est de procurer à l'enfant ou à l'adolescent, *confié par le service qui l'emploie*, des conditions de vie lui permettant de poursuivre son *développement physique, psychique, affectif et sa socialisation.*

Le rôle de l'assistant familial est :

- *D'assurer une permanence relationnelle*, attention, soin et responsabilité éducative au quotidien de l'enfant, de l'adolescent ou du jeune majeur selon *ses besoins.*
- De favoriser *l'intégration* de l'enfant, de l'adolescent ou du jeune majeur dans la famille d'accueil en fonction de son âge et ses besoins, de *veiller* à ce qu'il y trouve *sa place.*

Et, avec les autres membres de l'équipe technique pluridisciplinaire du service d'accueil familial permanent[2] et les *autres membres de la famille d'accueil* :

- d'aider l'enfant, l'adolescent ou le jeune majeur *à grandir*, à trouver ou retrouver l'équilibre et à aller vers l'autonomie ;
- d'accompagner l'enfant, l'adolescent ou le jeune majeur dans *ses relations avec sa propre famille.*

1. Articles L. 421-1 et suivants du Code de l'action sociale et des familles et articles L. 773-1 et suivants du Code du travail
2. Travailleur social référent, psychologue, psychiatre, chef de service...

Le travail de l'assistant familial s'inscrit *dans un projet éducatif global* qui nécessite un ensemble d'interventions psycho-socio-éducatives spécifiques à chaque enfant, adolescent ou jeune majeur. En conséquences, l'assistant familial fait *partie de l'équipe* pluridisciplinaire d'accueil familial permanent et à ce titre *participe aux réunions* d'évaluation et/ou de synthèse sur la situation du ou des enfants accueillis.

Ainsi cette profession participe à la prise en charge des conséquences des *troubles de parentalité* pour l'enfant et la *prévention de leur répétition*. Elle contribue également à la *lutte contre les exclusions* dont peuvent être victimes les personnes ayant souffert des troubles importants durant l'enfance.

LES DOMAINES DE COMPÉTENCES

DC1 : accueil et intégration de l'enfant dans sa famille d'accueil

Répondre aux besoins physiques de l'enfant

Il s'agit de montrer que vous savez *observer* les comportements et écouter les besoins en lien avec l'*âge* et l'*étape* dans laquelle se situe l'enfant.

- Vous accueillez un adolescent : quels sont ses besoins alimentaires ?
- Vous accueillez une enfant polyhandicapée : comment veillez-vous à une bonne élimination ?
- Vous accueillez une enfant de 8 ans en surcharge pondérale : que mettez-vous en place ? alimentation ? activités physiques ?

Montrez que vous savez adapter vos réponses en fonction de chaque enfant.

Contribuer à répondre aux besoins psychiques de l'enfant

Il s'agit de montrer que vous comprenez *les conséquences* de certains troubles et de certaines pathologies sur le développement et la vie quotidienne de l'enfant et que vous apportez des réponses adaptées.

- Vous accueillez un enfant d'un IME présentant une déficience intellectuelle : à quoi êtes-vous attentif ? a-t-il des besoins spécifiques ?
- Vous accueillez un enfant séparé de sa famille pour cause de maltraitance : à quels besoins êtes-vous attentif ?

Montrez que vous agissez de façon logique entre observer, comprendre et agir.

Répondre aux besoins de soins

Il s'agit de montrer que vous êtes *vigilant* à la santé de l'enfant ou l'adolescent accueilli. Montrez que vous savez repérer *des signes* indicateurs de besoin de soins.

- Quels sont les signes qui vous alertent ? chez un enfant ? chez un adolescent ?
- Quelles précautions prenez-vous si vous accueillez un enfant allergique à certains animaux (chat) ?
- Vous accueillez un enfant épileptique de l'IMPRO, comment répondez-vous à ses besoins ?

Montrez que vous agissez en vous appuyant sur des connaissances précises.

Intégrer l'enfant dans sa famille d'accueil

Il s'agit de montrer que vous *favorisez* l'intégration de l'enfant en lui donnant une réelle *place* clairement expliquée à chacun. Montrez que cela peut être *difficile d'accepter* cette place dans un premier temps pour certains membres de votre famille et *comment vous le prenez en compte*.

- Comment organisez la vie quotidienne et la participation de chacun ?
- Quels types de conflits surviennent entre les enfants de votre famille et les enfants accueillis ?
- Comment gérez-vous les conflits ?

Montrez que vous savez communiquer à propos de la place de chacun.

DC2 : accompagnement éducatif de l'enfant

Favoriser le développement global de l'enfant

Il s'agit de vous situer dans une démarche qui permet *à l'enfant de se construire*, de développer *ses potentialités* et de s'épanouir, en lien avec des éléments de *son identité*.

- Quelle réflexion avez-vous sur les habitudes culturelles de l'enfant (hygiène, alimentation, loisirs) ? Comment les prenez-vous en compte dans vos principes éducatifs ?

- À partir d'éléments de l'histoire d'un enfant d'origine étrangère que proposez-vous en termes de loisirs, de lectures en lien avec ses racines ?

Montrez que vous savez analyser les situations et prendre du recul.

Contribuer à l'insertion sociale, scolaire ou professionnelle de l'enfant

Il s'agit de montrer le *rôle* que vous avez dans les démarches *concernant la scolarité*, la préparation à la *vie professionnelle* (orientation, apprentissages).

- Avez-vous accompagné un enfant que vous accueillez dans une association de soutien scolaire ?
- Rencontrez-vous parfois les enseignants ?
- Avez-vous fait appel à des professionnels pour aider un adolescent à faire des choix d'orientation ? (salon du lycéen ? de l'apprentissage ?...).

Montrez que vous êtes à l'écoute des difficultés et des désirs.

DC3 : communication professionnelle

Communiquer avec les membres de l'équipe de placement familial

Il s'agit de montrer que vous connaissez le service qui vous emploie, *les rôles de chacun* et que vous vous situez en tant que membre de l'équipe. Abordez les notions de *complémentarité.*

- Savez-vous quel est le rôle du psychologue ?
- Savez-vous quel est le rôle de l'éducateur référent ?
- Participez-vous à des réunions ?
- Connaissez-vous les missions et objectifs de l'établissement médico-social qui vous emploie ?
- Connaissez-vous le statut de votre service employeur ? public ? associatif ?

Montrez que le travail d'équipe vous aide dans votre rôle d'accueillant familial.

Communiquer avec les intervenants extérieurs

Il s'agit de montrer que vous pouvez communiquer avec des professionnels *d'autres services* qui interviennent pour la même situation que vous, soit à l'oral (réunion, entretien...) ou/et par écrit (écrits professionnels : bilan, observation...). Abordez la *notion de réseau.*

- Quels sont les professionnels que vous avez rencontrés ? pour quel motif ?
- Connaissez-vous le rôle de la PMI ?
- Avez-vous fait appel à l'assistante sociale de circonscription ? à quelle occasion ?

Montrez une certaine ouverture et des capacités à vous orienter dans l'environnement professionnel social.

Les annexes (éléments de preuve)

Vous pouvez joindre en annexe :

- des observations que vous avez réalisées ;
- des courriers en lien avec les situations que vous présentez ;
- des attestations de formation ou de participation à des journées d'études ;
- des attestations de participation à des réunions de synthèse.

Cette liste n'est pas exhaustive, d'autres documents peuvent vous paraître pertinents.

Bibliographie

SANS P., *Famille d'accueil, un métier*, Paris, Le Centurion, 1991.

CARTRY J., *Petite chronique d'une famille d'accueil*, Paris, Dunod, 1998.

Les dispenses

Il n'y a pas de dispenses.

Chapitre 3

DEAMP

Diplôme d'État d'aide médico-psychologique

Décret n° 2006-255 du 2 mars 2006. Arrêté du 11 avril 2006.
Circulaire n° DGAS/SD4/2006-319 du 13 juillet 2006

Le Livret 2

Reportez-vous page 51 pour les indications générales.

De la page 13 à la page 27 : vous avez à présenter les différents domaines de compétences, vous êtes guidés par un questionnaire. En général essayez de rester dans le cadre proposé.

Cependant il semble que certaines questions demandent un développement plus important que l'espace imparti dans le livret. Il s'agit particulièrement de la présentation de situations et c'est ainsi formulé : « À partir d'une situation donnée, décrivez... »

Soyez attentifs aux consignes. Certaines questions demandent des réponses d'ordre général qui mettront en avant des *connaissances* ; par exemple : « Comment situez-vous les limites ? » ou : « Décrivez la vocation, les missions le projet d'établissement. »

D'autres questions demandent de montrer vos *capacités d'analyse* par exemple : « Comment évaluez-vous les attentes et les choix de la personne ? » ou : « Qu'est qui vous semble important pour respecter l'intégrité de la personne ? »

Ces questions ne demandent pas d'exemples précis à l'écrit mais pour l'oral il sera judicieux d'en avoir en tête pour étayer votre argumentation.

D'autres consignes imposent la présentation d'exemples précis : « À partir d'une situation... » ou « Choisissez deux situations. » Il s'agit là de prendre appui sur des *situations concrètes* par exemple : « Mme Untel a 92 ans ; elle est entrée à la maison de retraite après le décès de son mari, il y a deux ans elle souffre de..., etc. »

Définition du métier

L'aide médico-psychologique (AMP) exerce une fonction d'accompagnement et d'aide sans la vie quotidienne.

À ce titre, il intervient auprès d'enfants, d'adolescents, d'adultes *en situation de handicap* (que la déficience soit physique, sensorielle, mentale, cognitive, psychique, résulte d'un poly-handicap ou d'un trouble de santé invalidant). Il peut également intervenir auprès de personnes dont la situation nécessite une aide au développement ou au maintien de l'*autonomie* sur le plan physique, psychique ou social.

Le rôle de l'AMP se situe à la frontière de *l'éducatif et du soin.* Il prend soin des personnes par une *aide de proximité permanente* durant la vie quotidienne, en les accompagnant tant dans les *actes essentiels de ce quotidien* que dans les activités de vie sociale et de loisirs.

À travers l'accompagnement et *l'aide concrète* qu'il apporte, l'AMP établit une *relation attentive et sécurisante* pour prévenir et rompre l'isolement des personnes et essayer d'appréhender leurs besoins et leurs attentes afin de leur apporter une réponse adaptée. Il a un rôle d'éveil, d'encouragement et de soutien de la communication et de l'expression verbale ou non.

Par le soutien dans les gestes de la vie quotidienne, l'aide médico-psychologique participe donc ou *bien-être physique et psychologique* de la personne. Il contribue également à la prévention de la rupture et/ou à la réactivation du lien social par la *lutte contre l'isolement*, le maintien des acquis et *la stimulation* des potentialités.

L'AMP intervient au *sein d'équipes pluri-professionnelles.* Selon les situations, il travaille sous la responsabilité d'un travailleur social ou d'un professionnel paramédical. C'est ainsi qu'il seconde suivant les structures ou au domicile et selon les circonstances, un éducateur, un animateur, un infirmier, un kinésithérapeute...

LES FONCTIONS

- Fonction 1 : accompagnement et aide individualisée aux personnes dans les actes de la vie quotidienne.
- Fonction 2 : accompagnement dans la relation à l'environnement/maintien de la vie social.
- Fonction 3 : participation à la mise en place et au suivi du projet personnalisé dans le cadre du projet institutionnel.
- Fonction 4 : participation à la vie institutionnelle.

LES DOMAINES DE COMPÉTENCES

DC1 : connaissance de la personne

Situer la personne aidée au stade de son développement

Il est indispensable que vous abordiez comment vous prenez en compte dans votre accompagnement l'étape dans laquelle se situe la personne que vous avez choisi de présenter.

- Une personne âgée en institution : il s'agit de repérer des deuils et des pertes (veuvage, maison...).
- Un enfant polyhandicapé de cinq ans : il s'agit de repérer comment il se situe dans les apprentissages (repas, langage...).

Montrez que vous dissociez bien ce qui est du handicap ou de la pathologie avec l'être humain (ne pas réduire la personne à son handicap).

Situer la personne aidée dans son contexte socioculturel

Il s'agit de montrer que vous connaissez les *habitudes de vie* des usagers.

- La langue.
- La culture d'origine.
- Les habitudes alimentaires.
- Le culte.
- Les intérêts sur le plan des loisirs...

Montrez que vous connaissez le parcours de la personne mais n'oubliez pas la discrétion professionnelle et le respect de la vie privée.

Appréhender les incidences des pathologies, handicaps et dépendances de la vie quotidienne des personnes

Vous devez aborder les *déclinaisons des conséquences* sur la vie quotidienne.

- Une personne âgée souffrant de dépression et les risques de suicide.
- Une personne autiste et les troubles de communication.

Montrez votre capacité d'anticipation et de prévention dans les cas nécessaires.

DC2 : accompagnement éducatif et aide individualisée dans les actes de la vie quotidienne

Repérer les dimensions éducatives, affectives, sociales et culturelles des temps clés du quotidien

Il est indispensable que vous abordiez *votre démarche* dans les moments de la vie quotidienne.

- Repas, toilettes, coucher.
- Animation.

Montrez les outils que vous utilisez (observation, écoute).

Repérer et évaluer les besoins et les capacités de la personne aidée dans les actes de la vie quotidienne

Il est indispensable que vous montriez une démarche logique entre *observer*, *comprendre* et *valoriser* la personne (où en est-elle ?).

- Connaissez-vous les besoins (la pyramide de Maslow[1]) ?
- Comment utilisez-vous différents outils ?

Présentez les outils : cahier de liaison, grille AGGIR.

Établir une relation d'aide, dans les actes de la vie quotidienne, associant aspects éducatifs et/ou relationnels et techniques

Vous devez montrer votre *style de communication* : patience, respect, écoute. Vous devez argumenter et expliquer ce que vous faites.

1. Voir annexe.

- Au moment de la toilette la personne aidée est au centre de l'intervention.

La qualité de la relation doit être visible.

DC3 : animation de la vie sociale et relationnelle

Participer à la dynamique du groupe et gérer les relations à l'intérieur de celui-ci

Il s'agit de montrer que savez repérer dans le *groupe* les *individualités*, que vous avez la capacité à aider le groupe à prendre du recul et que vous avez une connaissance des relations dans le groupe.

- Conflits.
- Liens amicaux.

Montrez que vous savez gérer les conflits.

Favoriser et accompagner les relations familiales, sociales et la participation citoyenne

Vous devez montrer que vous savez aller vers l'extérieur et *faire des liens* entre l'externe et l'interne.

- Favoriser les compétences familiales.
- Faire les liens entre la vie collective et la citoyenneté.

Concevoir, proposer, mettre en œuvre et évaluer des activités pour un individu ou un groupe, contribuant au développement dans ses différentes dimensions (sensorielle, psychomotrice, cognitive, affective, relationnelle...)

Vous devez montrer que les *activités* que vous proposez dans les exemples, correspondent à des *besoins*.

Il est indispensable que vous montriez la mise en place d'une *méthode et d'une évaluation*.

- Que proposez-vous comme activités ?
- Quels sont les objectifs ?
- Comment l'organisez-vous ?
- Quels sont les critères d'évaluation ?

Montrez votre implication personnelle dans la mise en place d'une activité.

DC4 : soutien médico-psychologique

Mettre en œuvre des aides adaptées aux différents âges de la vie et situations du handicap dans les dimensions physiques, relationnelle, affective et cognitive

Vous devez montrer une bonne adéquation entre l'aide apportée à la personne et les évaluations.

Vous devez aborder les *notions de maintien des acquis, d'autonomie*.

- Comment aidez-vous une personne aidée à participer au choix de ses vêtements ?

Montrez que vous pouvez vous remettre en question.

Utiliser les activités quotidiennes comme support à la relation

Vous devez montrer à la personne aidée qu'elle est au *centre de votre intervention*.

- Comment montrez-vous que les actes de la vie quotidienne (repas, toilette...) sont destinés à son bien-être ?
- Comment communiquez-vous ? Que dites-vous ?

Abordez les notions d'observation, d'écoute.

Détecter les signes révélateurs d'un problème de santé ou de mal-être et prendre des dispositions adaptées

Vous devez montrer que vous êtes *vigilant* et que vous repérez les signes de changement.

- Une personne âgée qui refuse de participer à toutes les activités.
- Un enfant polyhandicapé qui gémit de plus en plus souvent.
- Un adolescent qui manifeste des changements d'humeur et de comportements.

Montrez que vous mesurez l'urgence.

Avoir une communication appropriée à la situation de la personne

Vous devez montrer que vous distinguez la communication *verbale* et *non verbale*.

- Les manifestations de douleurs, de plaisirs...
- L'écoute des confidences, les souhaits...

Abordez la notion d'empathie.

DC5 : participation à la mise en place et au suivi du projet personnalisé

Observer, écouter et analyser les besoins et désirs de la personne dans tous les aspects de sa vie

Vous devez montrer comment dans le projet personnel vous êtes attentif au *respect* des *choix*.

- Vous accompagnez une personne adulte qui travaille en ESAT : comment recueillez-vous ses désirs ?
- Comment et avec qui évaluez-vous ses besoins ?
- Comment s'élabore le projet individuel avec quels outils, quelles réunions ?
- Faites-vous des écrits ?

Montrez que vous êtes attentif à prévenir la mise en échec.

Appréhender les facteurs d'évolution ou de régression en fonction de la situation de la personne

Décrivez par quel biais vous pouvez *recueillir des observations*.

- Quels sont les moments favorables à l'observation de facteurs de régression ?
- Quels sont les moments favorables à l'observation de signes d'évolution ?

Utiliser les éléments recueillis lors de l'intervention de proximité pour participer à l'élaboration, la mise en œuvre et le suivi de projet personnalisé dans le respect du projet de soins et/ou éducatif et/ou pédagogique et du projet institutionnel

Il est indispensable que vous présentiez les *connaissances et les moyens* que vous allez mobiliser pour participer au projet personnalisé.

- Dans l'accompagnement de Pierre, enfant autiste, quelles pistes de d'intervention vous semblent prioritaires ? pourquoi ?
- Comment allez-vous mettre en place des actions ? lesquelles ?
- Quels écrits rédigez-vous ? Utilisez-vous des grilles d'évaluation ?
- Comment restituez-vous vos observations ? à qui ?

Montrez votre participation à la réunion de projet.

DC6 : communication professionnelle et vie institutionnelle

Connaître le projet institutionnel et situer son action dans ce projet

Il est indispensable *de se situer* dans des connaissances.

- Le contexte légal (lois 2002-2005).
- Connaître le statut de l'établissement (privé associatif ? public ? entreprise commerciale ?).
- Connaître les missions et les objectifs.

Travailler en équipe pluri-professionnelle dans le contexte institutionnel et participer à la vie de l'institution ou du service

Il est indispensable de connaître l'*organigramme* de votre établissement et les différents niveaux de délégation : qui est sous la responsabilité de qui ?

- Connaissance de votre fiche de poste.
- Quel est le rôle de la psychologue ?

Abordez les notions de réseau, relais et complémentarité.

Déterminer et transmettre les informations utiles aux membres de l'équipe

Vous devez montrer comment vous êtes impliqué dans la vie de l'institution.

- Quelles sont les différentes réunions ?
- Comment accueille-t-on les stagiaires (protocole ? procédure ?) ?

Montrez de l'implication et la capacité d'ouverture sur la vie institutionnelle.

LES ANNEXES (ÉLÉMENTS DE PREUVES)

Vous pouvez joindre les pièces suivantes :

- attestations de formation ;
- photocopies d'extraits de cahiers d'observation, de projet personnalisé, de grilles d'évaluation, le tout rédigé par vous-même ;
- projet d'animation ;
- comptes rendus de réunions attestant votre participation ;
- attestations de votre employeur concernant : l'accueil de stagiaire, la participation à des groupes de travail à l'interne...

Cette liste n'est pas exhaustive, d'autres documents peuvent vous paraître pertinents

BIBLIOGRAPHIE

DRÉANO G., *Guide de l'aide médico-psychologique*, Paris, Dunod, 2007.

ZUCMAN E., *Auprès de la personne handicapée. Une éthique de la liberté partagée*, Paris, Vuibert, 2007.

TOSQUELLES F., *Rééducation des débiles mentaux, Aide maternelle*, Toulouse, Privat 1993 [Malgré le titre qui emploie un vocabulaire dépassé (aujourd'hui on parle de déficiences intellectuelles et mentales, de polyhandicap) les notions abordées restent fondamentales, c'est un ouvrage de référence pour les aide-médico-psychologique].

LES DISPENSES

Si vous possédez les diplômes suivants vous validez automatiquement ces domaines de compétences :

DEAVS	**DC1 / DC2 / DC5 / DC6**
DEAS	**DC1 / DC2 / DC**
DEAP	**DC6**
BAPAAT	**DC3**

Chapitre 4

DEME

Diplôme d'État de moniteur éducateur

Décret n° 2007-898 du 15 mai 2007. Arrêté du 20 juin 2007.
Circulaire n° DGA/SD4A/2007/436

Le Livret 2

Reportez-vous page 51 pour les indications générales.

Les pages 12 et 13 de votre livret 2 concernent la présentation des expériences[1], c'est-à-dire des lieux dans lesquels vous avez exercé, établissements ou services. Vous pouvez présenter trois lieux différents mais également un seul ou deux en fonction de votre parcours. Cette possibilité peut aider les candidats qui cumulent plusieurs années de remplacements et de petits contrats à mettre en évidence la diversité des missions, des professionnels, des publics... auxquels ils ont été confrontés.

À partir de la page 15, vous avez à présenter les différents domaines de compétences, vous êtes guidés par un questionnaire. En général, essayez de rester dans le cadre proposé. Cependant il semble que certaines questions demandent un développement plus important que l'espace imparti dans le livret. Il s'agit particulièrement de la présentation de situations et c'est ainsi formulé : « À partir d'une situation donnée décrivez... »

1. Rappel une expérience = un lieu d'exercice, une situation = une personne ou un groupe.

Soyez attentifs aux consignes. Certaines questions demandent des réponses d'ordre général qui mettront en avant des *connaissances ;* par exemple : « Décrivez votre manière de procéder lorsque... » ou : « Les raisons qui vous poussent à estimer... »

D'autres questions demandent de montrer vos *capacités d'analyse* par exemple : « Analysez les raisons... » Ces questions ne demandent pas d'exemples précis à l'écrit, mais pour l'oral il sera judicieux d'en avoir en tête pour étayer votre argumentation.

D'autres consignes imposent la présentation d'exemples précis : « À partir d'une situation... » ou : « Choisissez deux situations. » Il s'agit là de prendre appui sur des *situations concrètes* par exemple : « Mélanie est arrivée à la MECS après tel événement... »

DÉFINITION DU MÉTIER

Le moniteur éducateur participe à *l'action éducative*, à l'*animation* et à l'organisation de la *vie quotidienne* de personnes en difficultés ou en situation de handicap, pour le développement de leurs capacités de socialisation, d'autonomie, d'intégration et d'insertion, en fonction de leur histoire et de leurs possibilités psychologiques, physiologiques, affectives, cognitives, sociales et culturelles.

Il élabore son intervention avec *l'équipe de travail* et son encadrement dans le cadre du *projet institutionnel* répondant à une commande sociale éducative exprimée par différents donneurs d'ordre et financeurs, en fonction de leurs champs de compétences : intervention individuelle (administrative ou judiciaire), collective ou territorialisée. Il intervient dans une *démarche éthique* qui contribue à créer les conditions pour que les enfants, adultes, familles et groupes avec lesquels il travaille aient les moyens *d'être acteurs de leur développement* et de *renforcer les liens sociaux et les solidarités* dans leurs lieux de vie.

Le moniteur éducateur assure une relation éducative au sein d'espaces collectifs et favorise *l'accès aux ressources de l'environnement* (sportives, culturelles, citoyennes...). Il peut ainsi mettre en place et encadrer des médiations éducatives et des activités de soutien scolaire, d'insertion professionnelle ou de loisirs. Il veille à la qualité de l'animation des structures dans lesquelles les personnes vivent. Les actes de *la vie quotidienne* sont *un support essentiel* à son intervention. Il contribue, dans le cadre d'équipes *pluri-professionnelles*, à la mise en œuvre au quotidien de *projets personnalisés* ou adaptés auprès des personnes accompagnées. Grâce à sa connaissance des situations individuelles, il *contribue à l'élaboration de ces projets* personnalisés et participe au dispositif institutionnel.

Les domaines de compétences

DC1 : accompagnement social et éducatif spécialisé

Instaurer une relation

Il s'agit, à l'aide d'exemples, de montrer comment vous *engagez la relation* avec une personne aidée ou un groupe. Vous devez *présenter la démarche* mise en place : appropriation des informations, observations, écoute, communication et création d'une *relation de confiance* en veillant à garder la « bonne distance ».

- Comment vous appropriez-vous les informations concernant un adolescent admis dans l'institution, dans votre groupe ? Quelles sont les procédures d'admission ? Participez-vous à des réunions ? Consultez-vous les dossiers ? les comptes rendus de réunions ?
- Quelles sont vos observations ? quand ? où ? Quels outils utilisez-vous (cahiers ? fiches ?) ?
- Quels supports utilisez-vous pour créer du lien social (activité de vie quotidienne, loisirs, communication...) ?
- Quelles questions vous posez-vous pour évaluer votre implication ?

Montrez la place des observations dans votre pratique.

Aider à la construction de l'identité et au développement des capacités

Il s'agit de montrer que vous ne réduisez pas la personne aidée aux *difficultés* et *déficiences* que vous avez repérées, mais que vous êtes à *l'écoute de ses désirs* et de ses *potentialités*. Vous devez montrer que vous vous posez des questions sur les droits des personnes, le respect de leur histoire, et vous situer dans une écoute non jugeante.

- Vous accompagnez, à l'internat de l'IME, Antoine, 14 ans, présentant une déficience intellectuelle. Quelles sont ses aptitudes ? ses désirs ? ses difficultés ? Que proposez-vous dont il a besoin pour l'aider à progresser (et qui l'intéresse) ?
- Comment faites-vous pour partager vos questionnements : avec qui ? où ? en réunion ? régulation ?

Montrez que vous faites le lien entre les problématiques et les conséquences dans la vie de la personne aidée.

Assurer une fonction de repère et d'étayage dans une démarche éthique

Il s'agit de montrer que la collectivité et ses règles sont dans votre pratique *un moyen* pour aider les personnes à *se structurer*, à se situer dans des groupes, *en respectant* et en étant respecté, et par extension dans la société.

- Comment faites-vous pour organiser la vie quotidienne ? Utilisez-vous des tableaux pour les emplois du temps pour donner des repères à tous ? Comment faites-vous appliquer les décisions ?
- Comment aidez-vous le groupe à prendre du recul en cas de conflit ? Que faites-vous ?
- Comment vous situez-vous face aux enfants ? aux jeunes ? aux adultes ?

Montrez que le groupe est constitué d'individualités et que vous avez une connaissance des relations interindividuelles.

Animer la vie quotidienne au sein de l'établissement ou du service

Il s'agit de montrer *le sens que la vie quotidienne* trouve dans votre pratique. Abordez les notions d'autonomie, progression, maintien des acquis, de règles sociales.

Vous devez montrer que vous êtes *vigilant* et que vous repérez les signes de changement. Abordez les notions *de prévention de la maltraitance.*

- Que faites-vous face à un enfant polyhandicapé qui gémit de plus en plus souvent ?
- Que faites-vous face à un adolescent qui refuse de participer à toutes les activités ?
- Comment faites-vous les liens entre vie collective et citoyenneté ?

Montrez que la notion de citoyenneté est présente dans votre démarche éducative.

Concevoir et mener des activités de groupe

Il s'agit de montrer que vous maîtrisez la construction (notion de projet) et la conduite d'activités pour des groupes. Vous devez faire le lien entre les *besoins du public* et la proposition d'activité. Il est indispensable que vous montriez une méthode qui prenne en compte *les contraintes* (budget, organisation...) et qui s'inscrit dans un *cadre légal.*

Abordez la notion *d'évaluation.*

- Que proposez-vous comme activité ?
- Quels sont les objectifs ?
- Comment l'organisez-vous ?
- Quels sont les critères d'évaluation ?
- Quels sont les supports écrits ?

Montrez de la créativité et la maîtrise de techniques éducatives.

DC2 : participation à l'élaboration et à la conduite du projet éducatif spécialisé

Observer, rendre compte et contribuer à l'évaluation des situations éducatives

Il s'agit de montrer que vous vous situez aux *différentes étapes* du projet personnalisé. Montrez les *outils* que vous utilisez, le lien entre votre action éducative et le projet ainsi que la capacité à faire des *propositions* à partir de vos observations et réflexions.

- Quels sont les écrits que vous réalisez ? grilles ? bilan ?
- À qui les remettez-vous ?
- Participez-vous aux réunions de projet ou de synthèse ?
- Vous impliquez-vous ? Faites-vous des propositions ?
- Comment évaluez-vous votre action ?

Montrez une capacité à vous approprier une méthode et des outils.

Participation à la mise en œuvre d'un projet éducatif

Il s'agit de montrer que vous établissez *les liens* entre les activités que vous proposez et le projet éducatif (objectifs et moyens). Montrez que vous agissez *en cohérence* avec le projet institutionnel (missions et moyens matériels et collègues). Montrez que vous prenez en compte et favorisez les *compétences familiales*.

- Comment vérifiez-vous que votre action correspond aux objectifs de travail fixés ?
- Comment accompagnez-vous les relations familiales ?

Montrez que vous réajustez si besoin votre intervention selon l'évolution du projet.

DC3 : travail en équipe pluri-professionnelle

S'inscrire dans un travail en équipe

Il s'agit de montrer que vous *connaissez le rôle* de chacun et faites *appel* aux compétences et connaissances de vos collègues.

- Connaissez-vous l'organigramme de votre service ou institution ?
- Quel est le rôle du psychologue ?
- Quel est le rôle de l'orthophoniste ?
- Comment échangez-vous ? par oral ? par écrit ?

Montrez que vous partagez vos remarques et observations. Abordez les notions de complémentarité.

Élaborer, gérer et transmettre de l'information

Il s'agit de montrer que vous savez être discret à l'intérieur comme à l'extérieur de l'institution. Montrez que vous savez choisir les informations utiles et nécessaires aux décisions. Montrez que vous réalisez des écrits professionnels.

- Comment choisissez-vous les informations indispensables ?
- Que dites-vous ? à qui ?
- Quels sont les écrits que vous réalisez ?
- Utilisez-vous des outils spécifiques ? l'informatique ?

Abordez les notions de discrétion et de secret professionnel.

DC4 : implication dans les dynamiques institutionnelles

Établir une relation professionnelle avec les partenaires

Il s'agit d'aborder les notions de réseau, de connaître les autres services et établissements.

Montrez que vous connaissez leur missions. Montrez les circuits de communication.

- Avec quels professionnels êtes-vous en relation ? à quelles occasions ?
- Quel est le rôle du juge ?
- Êtes-vous en contact avec les enseignants d'un enfant dont vous êtes référent ? comment ? Participez-vous aux réunions organisées par les intervenants scolaires ?

Montrez que vous connaissez l'environnement professionnel.

Situer son action dans le cadre des missions de l'institution et de son projet

Il s'agit de connaître le *projet institutionnel* et de situer son action dans ce projet. Montrez que vous situez le *contexte légal*, le statut de l'établissement, les missions et objectifs.

- Quel est le statut de votre service ou établissement ?
- Quelles sont les lois qui régissent cette structure ?
- De quelles mesures relève le public accueilli ?
- Quelles sont les différentes réunions ? Auxquelles participez-vous ?

Montrez une certaine curiosité pour connaître le fonctionnement de votre établissement.

Veille professionnelle : s'informer et se former pour faire évoluer ses pratiques

Il s'agit de montrer que vous êtes attentif à acquérir de *nouvelles connaissances*, sur le métier et sur le champ du social. Montrez que vous *actualisez* vos connaissances et vos méthodes de travail que vous les partagez notamment dans l'accueil de stagiaires. Montrez que vous êtes dans une démarche de *prise de recul* au quotidien.

- Quelles sont les formations, les journées d'études auxquelles vous avez participé ? pourquoi ? Quels sont les thèmes que vous approfondissez ?
- Comment transmettez-vous ces nouvelles acquisitions en équipe ? par écrit ? par oral ?
- Quels sont les revues et ouvrages que vous lisez ?
- Participez-vous à des groupes d'analyse des pratiques ?
- Vous impliquez-vous dans l'accueil de stagiaires ?

Montrez de l'ouverture et une volonté d'enrichissement professionnel.

LES ANNEXES (ÉLÉMENTS DE PREUVE)

Vous pouvez joindre les pièces suivantes :

- attestations de formation, participation à des colloques, à des journées d'études ;

- photocopies d'extraits de cahiers d'observation, de projet personnalisé, de grilles d'évaluation, le tout rédigé par vous-même ;
- projet d'animation et évaluation ;
- comptes rendus de réunions attestant votre participation ;
- attestations de votre employeur concernant : l'accueil de stagiaire, la participation à des groupes de travail à l'interne...

Cette liste n'est pas exhaustive, d'autres documents peuvent vous paraître pertinents.

BIBLIOGRAPHIE

GABÉRAN Ph., PERRARD P., *Moniteur éducateur : un professionnel du quotidien*, Ramonville Saint-Agne, Érès, coll. « Poche », 2004.

CAPUL M., LEMAY M., *De l'éducation spécialisée*, Ramonville Saint-Agne, Érès, 1996.

LES DISPENSES

Si vous possédez les diplômes suivants vous validez automatiquement ces domaines de compétences :

DETISF	**DC2 / DC4**
Baccalauréat professionnel services de proximité et vie locale[1]	**DC3**
Baccalauréat professionnel service en milieu rural	**DC3**
BEATEP spécialité activité sociale et vie locale ou BP JEPS	**DC3**

1. Uniquement pour les candidats ayant préparé les secteurs d'activités « activités de soutien et d'aide à l'intégration » et « activités participant à la socialisation et au développement de la citoyenneté ».

Chapitre 5

DETISF

Diplôme d'État de technicien de l'intervention sociale et familiale

Décret 2006-250 du 1er mars 2006. Arrêté du 25 avril 2006.
Circulaire n° DGAS/28 août 2006

Le Livret 2

Reportez-vous page 51 pour les indications générales.

De la page 15 à la page 27 : vous avez à présenter les différents domaines de compétences, vous êtes guidés par un questionnaire. En général essayez de rester dans le cadre proposé.

Cependant il semble que certaines questions demandent un développement plus important que l'espace imparti dans le livret. Il s'agit particulièrement de la présentation de situations et c'est ainsi formulé : « À partir d'une situation donnée décrivez... »

Soyez attentifs aux consignes. Certaines questions demandent des réponses d'ordre général qui mettront en avant des *connaissances* par exemple : « Décrivez la manière dont vous gérez et transmettez... » ou : « Décrivez la structure... »

D'autres questions demandent de montrer vos *capacités d'analyse* par exemple : « Analysez les raisons pouvant expliquer... »

D'autres consignes imposent la présentation d'exemples précis : « À partir d'une situation... » ou : « Choisissez deux situations. » Il s'agit là de prendre appui sur des *situations concrètes* par exemple : « Mme X a trois enfants elle est séparée de son conjoint... »

DÉFINITION DU MÉTIER

Les techniciens de l'intervention sociale et familiale effectuent une intervention sociale *préventive, éducative et réparatrice* visant à favoriser *l'autonomie* des personnes et leur intégration dans leur environnement et à créer ou *restaurer le lien social.*

Ils accompagnent et soutiennent les familles, les personnes en difficulté de vie ou en difficulté sociale, les personnes âgées, malades ou handicapées. Ces interventions s'effectuent au domicile, habituel ou de substitution, dans leur environnement proche ou en établissement. Les établissements et services employeurs sont notamment ceux visés par l'article L. 312-1 du Code de l'action sociale et des familles.

Ils élaborent leur intervention *avec la personne aidée en collaboration avec l'équipe de travail* et encadrement en fonction des besoins de la personne ou d'un groupe de personnes ou conformément à un mandat et dans le cadre du projet de service. *Le projet d'intervention* ainsi élaboré définit et hiérarchise les objectifs de cette intervention, précise les moyens devant être utilisés pour les atteindre. Les techniciens de l'intervention sociale et familiale mettent en œuvre l'intervention et *évaluent* son déroulement avec les personnes aidées, l'encadrement et, le cas échéant, les partenaires extérieurs.

Les activités de la vie quotidienne constituent le support privilégié de l'intervention des techniciens de l'intervention sociale et familiale. En appui de ces actes, ceux-ci proposent et transmettent l'ensemble des savoirs nécessaires en vue de leur réalisation par les personnes elles-mêmes.

Les techniciens de l'intervention sociale et familiale ont *un rôle d'accompagnement social* des usagers vers l'insertion. Ils contribuent au développement de la dynamique familiale et *soutiennent tout particulièrement la fonction parentale.*

Les techniciens de l'intervention sociale et familiale conduisent des actions individuelles ou collectives dans *un cadre pluri-professionnel et de partenariat.*

Les techniciens de l'intervention sociale et familiale sont à leur niveau *garants du respect* des *droits fondamentaux des usagers* et se doivent d'adopter une attitude cohérente avec l'éthique de l'intervention sociale et des missions confiées.

Les domaines de compétences

DC1 : conduite du projet d'aide à la personne

Évaluer la situation et les besoins de la personne

Il s'agit de montrer comment vous repérez les *besoins* des personnes à partir des informations qui vous ont été communiquées et des *observations* que vous avez réalisées avant de fixer les objectifs de travail. Montrez comment vous écoutez les attentes de la personne et comment vous l'associez à ce projet.

Vous devez intervenir chez Mme X ; c'est une famille monoparentale : il y a un enfant de trois ans, un autre de dix ans et une adolescente de quinze ans :

- Comment vous appropriez-vous les informations sur la situation ? Dans quel cadre juridique et de quel dispositif la famille relève-t-elle ?
- Quelles sont vos premières observations concernant le logement ? les enfants ?
- Que voyez-vous ? Qu'entendez-vous ?

Montrez les connaissances des dispositifs d'aide et d'action sociale. Abordez les notions de contrat et de mandat.

Élaborer un projet individualisé dans le cadre des objectifs définis

Il s'agit de montrer quel *plan d'action* vous allez mettre en place à partir des objectifs fixés.

- Comment organisez-vous votre intervention en prenant en compte le temps imparti à la situation ? le rythme de vos interventions ?
- Quelles seront vos priorités ?

Montrez comment vous prenez en compte les droits et devoirs des usagers. Abordez les notions de secret professionnel et de déontologie.

Mettre en œuvre le projet individualisé

Il s'agit de montrer les moyens que vous utilisez pour mener votre action. Quelles sont vos *méthodes* et pourquoi dans cette situation précisément ?

- Avez-vous proposé des aménagements dans les chambres des enfants ? pourquoi ?

- Qu'avez-vous proposé pour associer les enfants à l'entretien de leurs chambres ?
- Quels moyens utilisez-vous pour réorganiser les temps de repas ?

Montrez une capacité à adapter les moyens selon les situations.

Évaluer le projet individualisé

Il s'agit de montrer quand et comment votre action est évaluée.

- Faites-vous des écrits ? des bilans intermédiaires ?
- Participez-vous à des réunions de projet ?
- Participez-vous à des réunions de synthèse ?

Participer à la conception et à la mise en œuvre d'actions collectives

Il s'agit de montrer comment dans certaines actions vos pratiques visent à *favoriser le développement* des personnes à travers différentes dimensions psychologiques, culturelles, économiques...

- Accompagnez-vous des personnes au centre socio-culturel ? pourquoi ?
- Accompagnez-vous des enfants à la bibliothèque ?
- Organisez-vous des ateliers ? cuisine ? esthétique ?

Montrez votre démarche d'ouverture sociale.

DC2 : communication professionnelle et travail en réseau

Élaborer, gérer et transmettre de l'information

Il s'agit de montrer que vous savez sélectionner, conserver et transmettre les informations par oral et par écrit.

- Quels sont les outils que vous utilisez ? des grilles d'observation ? des supports pour élaborer des bilans ?
- À quelle occasion avez-vous eu à transmettre des informations dans l'urgence ? à qui ?
- Avez-vous des notions d'informatique ?

Montrez que vous savez adapter votre communication aux différents interlocuteurs.

S'inscrire dans un travail d'équipe

Il s'agit de montrer que vous travaillez en cohérence et avec les mêmes objectifs que vos collègues.

Établir une relation professionnelle

Il s'agit de montrer que bien qu'intervenant seul au domicile vous faites partie d'une équipe.

- Connaissez-vous le rôle des différents professionnels de votre service ?
- Connaissez-vous l'organigramme ?
- Connaissez-vous le projet de la structure ou du service ?
- Comment évaluez-vous la nécessité de passer le relais à d'autres professionnels ?

Abordez la notion de complémentarité.

Assurer une médiation

Il s'agit de présenter comment vous communiquez dans une situation de médiation. Montrez vos techniques d'écoute, de vigilance quand à l'équilibre des prises de parole des intéressés.

- Comment présentez-vous votre rôle dans une médiation ?
- Avez-vous des techniques pour gérer les conflits ?

Montrez une position de neutralité.

Développer des actions en partenariat et en réseau

Il s'agit d'aborder les notions de réseau, de connaître les autres services et établissements.

Montrez que vous connaissez leurs missions. Montrez les circuits de communication.

- Avec quels professionnels êtes-vous en relation ?
- Quel est le rôle du juge ?
- Êtes-vous en contact avec d'autres services ? quand ? Participez-vous à des réunions ? Demandez-vous des rendez-vous ?

Montrez que vous connaissez l'environnement professionnel.

DC3 : réalisation des actes de la vie quotidienne

Réaliser en suppléance les actes ordinaires de la vie quotidienne

Il s'agit de montrer que vous maîtrisez les *aspects techniques* de la vie quotidienne

- Connaissez-vous des techniques culinaires simples ?
- Quelles sont les techniques que vous utilisez pour l'entretien du linge ? du cadre de vie ?

Contribuer au respect de l'hygiène

Montrez que vous connaissez les règles *d'hygiène* en matière de santé, de puériculture.

Favoriser la sécurité des personnes aidées

Montrez vos connaissances en matière de *prévention* des accidents domestiques, de soin aux jeunes enfants, aux femmes enceintes.

- Connaissez-vous les techniques de premiers secours ?
- Connaissez-vous des techniques de gestes et postures ?

DC4 : transmission des savoirs et des techniques nécessaires à l'autonomie des personnes dans leur vie quotidienne

Mettre en œuvre un programme progressif d'apprentissage

Il s'agit de montrer qu'au travers des actes de la vie quotidienne, vous vous situez dans une démarche de *transmission* et de *valorisation* de la ou les personnes.

- Comment transmettez-vous vos savoir-faire ?

Favoriser l'appropriation des actes du quotidien et du cadre de vie

Il s'agit de montrer comment vous prenez en compte les *habitudes sociales et culturelles* des personnes pour introduire des apprentissages.

- Quelle progression projetez-vous avec la personne ?
- Comment échangez-vous avec la personne sur ses habitudes alimentaires, son logement, ses modes de consommation ?

Conseiller sur la gestion du budget quotidien

Il s'agit de montrer que vous avez des connaissances en matière de règles de gestion du budget familial.

Montrez que vous adoptez une démarche pédagogique.

DC5 : contribution au développement de la dynamique familiale

Aider et soutenir la fonction parentale

Il s'agit de montrer que vous mettez en place des pratiques, des échanges qui favorisent l'aide aux parents face à certaines difficultés.

- Comment réagissez-vous dans une situation où l'autorité de l'un des parents à besoin d'être encouragée ?
- Quelle attitude adoptez-vous lorsqu'un parent vous confie ses difficultés concernant la santé de son enfant ?

Accompagner la cellule familiale dans les situations de modification importante de la vie

Il s'agit de montrer votre démarche *d'écoute*, de *conseil*, d'*information*, d'*orientation* dans des situations de crises (ou de modification).

- Êtes-vous intervenu dans des situations de fin de vie ?
- Êtes-vous intervenu dans des situations de handicap de l'un des membres de la famille ?
- Êtes-vous intervenu dans des situations où il y a eu le placement d'un enfant dans le cadre de la Protection de l'enfance ?

Favoriser les situations de bientraitance et agir dans les situations de maltraitance

Il s'agit de montrer que vous êtes *attentif* à toutes les formes de maltraitance et que vous connaissez les dispositifs de lutte et de *prévention de la maltraitance*. Montrez vos pratiques en matière d'attitudes de « bientraitance ».

- Que faites-vous face à une situation qui vous alerte ?
- Comment encouragez-vous certains changements face à un langage qui vous paraît inadapté à l'égard d'enfant ?

Montrez votre démarche qui s'inscrit dans la prévention.

DC6 : accompagnement social vers l'insertion

Informer et orienter vers des services adaptés

Il s'agit de montrer vos *connaissances des principaux dispositifs* sociaux afin d'informer et d'orienter les personnes pour éviter *l'isolement et l'exclusion.*

- Comment informez-vous une personne pour l'accès au logement ? Vers qui l'orientez-vous ?
- Comment informez-vous une personne sur ses droits en matière de Sécurité sociale ? Vers qui l'orientez-vous ?

Accompagner les personnes dans leurs démarches

Il s'agit de montrer comment vous aidez les personnes à faire les demandes de dossier, à remplir les formulaires, comment vous les accompagnez physiquement dans les organismes, en adaptant votre pratique aux *potentiels* et aux *difficultés* de la personne.

- Vous accompagnez une personne d'origine étrangère qui ne maîtrise pas la langue française à la CAF. Comment faites-vous ?
- Vous conseillez un jeune de se rendre à la mission locale du quartier. Comment faites-vous ?

Montrez que vous ne faites pas à la place de, mais avec la personne.

LES ANNEXES (ÉLÉMENTS DE PREUVE)

Vous pouvez joindre les pièces suivantes :

- attestations de formation, participation à des colloques, à des journées d'études ;
- photocopies d'extraits de cahiers d'observation, de projet personnalisé, de grilles d'évaluation, le tout rédigé par vous-même ;
- projet d'animation et évaluation ;
- comptes rendus de réunions attestant votre participation ;
- attestations de votre employeur concernant : l'accueil de stagiaire, la participation à des groupes de travail à l'interne...

Cette liste n'est pas exhaustive, d'autres documents peuvent vous paraître pertinents.

BIBLIOGRAPHIE

BONAMY B., *TISF, un travailleur social de proximité*, Ramonville Saint-Agne, Érès, 2005.

VERDÈS-LEROUX J., *Le Travail social*, Paris, Éd. de Minuit, 1978.

CROUZAL D., *Technicien de l'intervention sociale et familiale*, Paris, Éditions ASH, 2005.

LES DISPENSES

Si vous possédez les diplômes suivants vous validez automatiquement ces domaines de compétences :

DEME	**DC1 / DC2 / DC6**
BAC pro Services en milieu rural	**DC2**
DEAF	**DC5**
BEATEP ET BEP JEPS	**DC2**
DEAVS	**DC3**

Chapitre 6

DEES

Diplôme d'État d'éducateur spécialisé

Décret n° 2007-898 du 15 mai 2007. Arrêté du 20 juin 2007.
Circulaire n° DGA/SD4A/2007/436

LE LIVRET 2

Reportez-vous page 51 pour les indications générales.

Page 9 : vous devez présenter votre expérience n° 1 : il s'agit de l'institution du service ou de l'établissement dans lequel vous pensez avoir à mettre en œuvre le plus de compétences. Généralement, c'est la structure dans laquelle vous êtes actuellement, si vous êtes en situation d'emploi, ou l'expérience la plus récente.

La première partie est consacrée au cadre de votre intervention : vous pouvez ajouter des feuillets car, tout en restant synthétique, le recueil des données vous amènera à produire des écrits peut-être plus conséquents pour bien cerner le contexte de votre exercice professionnel.

Page 18 : vous devez décrire des situations de travail en lien avec les fonctions ou domaines d'activités du référentiel. Appuyez-vous sur notre présentation des référentiels de compétences et des exemples de questionnement que vous y trouverez car c'est au regard de celui-ci que le jury évaluera votre dossier. Vous êtes dans du récit de situations concrètes et précises et il n'est pas attendu de généralités.

Il se peut que vous ne puissiez pas exposer toutes les situations demandées, vous pouvez traiter une ou d'autres fonctions dans une autre ou plusieurs expériences (n° 2, n° 3...).

Page 26 : vous devez exposer l'analyse globale de cette expérience. Vous êtes guidé par un questionnaire : soyez clair et synthétique, bien souvent vous avez déjà abordé ces points dans la partie précédente, il s'agit là de reprendre l'essentiel sans développer ni illustrer par des exemples. Le cadre proposé peut vous paraître un peu juste essayez de le respecter car l'exercice de sélection est essentiel et montre vos capacités de synthèse.

Page 30 et page 37 : vous pouvez présenter à nouveau une deuxième, voire une troisième expérience, c'est-à-dire que vous représentez un lieu d'exercice comme pour l'expérience n° 1. Choisissez avec minutie les situations que vous allez présenter dans ces nouvelles expériences, elles doivent compléter et renforcer l'acquisition des compétences en lien avec le référentiel.

Définition du métier

L'éducateur spécialisé, dans le cadre des politiques partenariales de prévention, de protection et d'insertion, aide au développement de la personnalité et à l'épanouissement de la personne ainsi qu'à la mise en œuvre de pratique d'action collective en direction des groupes et des territoires.

Son intervention, dans le cadre d'équipes pluri-professionnelles, s'effectue conformément au projet institutionnel répondant à *une commande sociale éducative* exprimée par différents donneurs d'ordre et financeurs, en fonction des champs de compétences qui sont les leurs dans un contexte institutionnel ou un territoire.

L'éducateur spécialisé est impliqué dans *une relation socio-éducative de proximité* inscrite dans une temporalité. Il aide et accompagne des personnes, des groupes ou des familles en difficulté dans le développement de leurs capacités de socialisation, d'autonomie, d'intégration et d'insertion.

Pour ce faire, il établit une relation de confiance avec la personne ou le groupe accompagné et élabore son intervention en fonction de son histoire et de ses potentialités psychologiques, physiques, affectives, cognitives, sociales et culturelles.

L'éducateur spécialisé a un degré d'autonomie et de responsabilité dans ses actes professionnels le mettant en capacité de *concevoir, conduire, évaluer des projets personnalisés* ou adaptés à des populations identifiées. Il est en mesure de *participer à une coordination fonctionnelle* dans une équipe et *de contribuer à la formation* professionnelle d'autres intervenants.

L'éducateur spécialisé développe une *fonction de veille* et *d'expertise* qui le conduit à être interlocuteur et force de propositions pour analyse des besoins et la définition des orientations des politiques sociales ou éducatives des institutions qui l'emploient. Il est en capacité de s'engager dans des *dynamiques institutionnelles, interinstitutionnelles et partenariales.*

L'éducateur spécialisé intervient dans une *démarche éthique* qui contribue à créer les conditions pour que les enfants, adultes, familles et groupes avec lesquels il travaille soient considérés dans leurs droits, *aient les moyens d'être acteurs de leur développement* et soient soutenus dans le renforcement des *liens sociaux* et *des solidarités* dans leur milieu de vie.

L'éducateur spécialisé intervient principalement, mais sans exclusive, dans les secteurs du handicap, de la protection de l'enfance, de la santé et de l'insertion sociale. Il est employé par les collectivités territoriales, la fonction publique et des associations et structures privées.

LES DOMAINES DE COMPÉTENCES

DC1 : accompagnement social et éducatif spécialisé

Instaurer une relation

Il s'agit de repérer dans quel cadre légal se situe la personne aidée (ou le groupe) et de quelles mesures elle relève tout en faisant le lien avec votre mission : *c'est la commande sociale.*

À l'aide d'exemples vous devez montrer comment vous *engagez la relation* avec une personne aidée ou un groupe. Vous devez *présenter la démarche* mise en place : appropriation des informations, observations, écoute, communication et création d'une *relation de confiance* en veillant à garder la « bonne distance ».

- Comment vous appropriez-vous les informations concernant un adolescent admis dans l'institution, dans votre groupe ? Quelles sont les procédures d'admission ? Participez-vous à des réunions ? Consultez-vous les dossiers ? les comptes rendus de réunions ?
- Quelles sont vos observations ? quand ? où ? Quels outils utilisez-vous (cahiers ? fiches ?) ?
- Quels supports utilisez-vous pour créer le lien (activité de vie quotidienne, loisirs, communication...) ?
- Quelles questions vous posez-vous pour évaluer votre implication ?

Montrez la place des observations dans votre pratique.

Favoriser la construction de l'identité et développement des capacités

Il s'agit de montrer que vous ne réduisez pas la personne aidée à ses *difficultés* et *déficiences* que vous avez repérées, mais que vous êtes à *l'écoute de ses désirs* et de ses *potentialités*. Vous devez montrer que vous vous posez des questions sur les droits des personnes, le respect de leur histoire, il est essentiel de se situer dans une « écoute non jugeante ».

Montrez comment vous procédez pour aider la personne à se positionner face *aux règles sociales*.

- Vous accompagnez, à l'internat de l'IME, Antoine, 14 ans, présentant une déficience intellectuelle. Quelles sont ses aptitudes ? ses désirs ? ses difficultés ? Que proposez-vous dont il a besoin pour l'aider à progresser (et qui l'intéresse) ?
- Comment faites-vous pour partager vos questionnements : avec qui ? où ? en réunion ? régulation ?

Montrez que vous faites le lien entre les problématiques et les conséquences dans la vie de la personne aidée.

Assurer une fonction de repère et d'étayage dans une démarche éthique

Il s'agit de montrer que la collectivité et ses règles sont dans votre pratique *un moyen* pour aider les personnes à *se structurer*, à se situer dans des groupes, *en respectant* et en étant respecté, et par extension dans la société. Montrez comment dans votre rôle vous êtes *garant du cadre* institutionnel.

- Comment faites-vous pour organiser la vie quotidienne ? Comment faites-vous appliquer les décisions ?
- Comment aidez-vous le groupe à prendre du recul en cas de conflit ? Que faites-vous ?
- Comment vous situez-vous face aux enfants ? aux jeunes ? aux adultes ?

Montrez que le groupe est constitué d'individualités et que vous avez une connaissance des relations interindividuelles.

Organiser une intervention socio-éducative individuelle ou collective

Il s'agit de montrer les *constats et préalables* à votre intervention et votre démarche pour recueillir les *éléments d'analyse* nécessaires à sa mise en place.

Montrez que vous maîtrisez la construction (notion de projet) et la conduite d'activités pour des groupes.

Vous devez faire le lien entre *les besoins du public* et la proposition d'activité. Il est indispensable que vous montriez une méthode qui prenne en compte *les contraintes* (budget, organisation...) et qui s'inscrit dans un *cadre légal* ?

Abordez la notion d'*évaluation.*

- Comment recueillez-vous les éléments pour comprendre la situation d'une famille hébergée en CHRS et que vous accompagnez ? À partir de quels échanges et avec qui fixez-vous des objectifs de travail ?
- Que proposez-vous comme activité ?
- Quels sont les objectifs ?
- Comment l'organisez-vous ?
- Quels sont les critères d'évaluation ?
- Quels sont les supports écrits ?

Montrez de la maîtrise de techniques d'animation.

Animer la vie quotidienne

Il s'agit de montrer *le sens que vous donnez aux activités de la vie quotidienne* dans votre pratique. En prenant en compte les individualités, il est nécessaire de montrer que la vie collective est un support de travail éducatif.

Abordez les notions d'autonomie, progression, maintien des acquis, de groupe et de règles sociales.

Vous devez montrer que vous êtes *vigilant*, que vous repérez et évaluez les signes de changement pour chaque individu.

Abordez les notions de *maltraitance et de prévention.*

- Quelle place accordez-vous à l'animation dans la vie quotidienne ? pourquoi ?
- Quel est le lien entre vos propositions d'animation et les besoins des personnes confiées ?
- Que proposez-vous en équipe face à un adolescent qui refuse de participer à toutes les activités ?

- Quels conflits avez-vous gérés ? comment ?
- Comment faites-vous les liens entre la vie collective et citoyenneté ?

Montrez que la notion citoyenneté est présente dans votre démarche éducative.

DC2 : conception et conduite de projet éducatif spécialisé

Participation à l'élaboration et à la conduite du projet éducatif

Observer, rendre compte et analyser les situations éducatives : il s'agit de montrer que vous vous situez aux *différentes étapes* du projet personnalisé. Montrez les *outils* que vous utilisez, le lien entre votre action éducative et le projet ainsi que la capacité à faire des *propositions* à partir de vos observations et réflexions.

- Quels sont les écrits que vous réalisez ? grilles ? bilan ?
- À qui les remettez-vous ?
- Participez-vous aux réunions de projet ou de synthèse ?
- Vous impliquez-vous ? Faites-vous des propositions ?
- Comment évaluez-vous votre action ?

Montrez une capacité vous approprier une méthode et des outils.

Participation à la mise en œuvre d'un projet éducatif

Il s'agit de montrer que vous établissez *les liens* entre les activités que vous proposez et le projet éducatif (objectifs et moyens). Montrez que vous agissez *en cohérence* avec le projet institutionnel (missions et moyens matériels et collègues). Montrez que vous prenez en compte et favorisez les *compétences familiales*.

- Comment vérifiez-vous que votre action correspond aux objectifs de travail fixés ?
- Comment accompagnez-vous les relations familiales ?

Montrez les réajustements nécessaires au cours du déroulement du projet.

Concevoir un projet éducatif

Il s'agit de mettre en place des *outils et des méthodes* pour collecter les différentes analyses et bilans des professionnels de l'équipe afin d'en réaliser *la synthèse*. Montrez les moyens utilisés pour établir un diagnostic éducatif permettant *l'élaboration d'un projet personnalisé*.

- Dans l'accompagnement d'enfant dans le cadre du SESSAD, avec quels professionnels intervenez-vous ?
- Comment organisez-vous le recueil des données ?
- Quelles connaissances mobilisez-vous pour établir le diagnostic ?
- Quelles pistes de travail proposez-vous ?
- Quels sont les écrits professionnels que vous utilisez ?

Montrez l'appropriation d'une méthodologie.

Évaluer le projet éducatif

Il s'agit de montrer votre démarche pour faire les bilans au regard des objectifs de départ, de présenter les outils, les échéances. Montrez comment vous vous appuyez sur l'ensemble des acteurs du projet ?

- Quels sont les moyens de réunir les analyses ?
- Quelles réunions animez-vous ?
- Comment prenez-vous en compte l'avis de la personne aidée ?
- Quels sont les critères d'évaluation ?

Montrez que l'évaluation du projet personnalisé favorise une dynamique de remise en question de vos actions.

DC3 : communication professionnelle

S'inscrire dans un travail en équipe

Il s'agit de montrer que vous *connaissez le rôle* de chacun et faites *appel* aux compétences et connaissances de vos collègues.

- Connaissez-vous l'organigramme de votre service ou institution ?
- Quel est le rôle du psychologue ?
- Quel est le rôle de l'orthophoniste ?
- Comment échangez-vous ? par oral ? par écrit ?

Montrez que vous partagez vos remarques et observations. Abordez les notions de complémentarité.

Élaborer, gérer et transmettre de l'information

Il s'agit de montrer que vous savez être *discret* à l'intérieur comme à l'extérieur de l'institution. Montrez que vous savez choisir les *informations utiles* et nécessaires aux décisions. Montrez que vous réalisez des écrits professionnels comprenant des *analyses* et des *propositions argumentées.*

Vous accompagnez un adolescent admis dans une MECS.

- Comment choisissez-vous les informations indispensables à transmettre ?
- Que dites-vous ? à qui ?
- Comment rédigez-vous une synthèse ?
- Sur quelles connaissances vous appuyez-vous pour comprendre une situation ?
- Utilisez-vous des outils spécifiques ? l'informatique ?

Abordez les notions de discrétion et de secret professionnel.

Élaborer et partager une information adaptée aux différents interlocuteurs

Il s'agit de réaliser différents écrits destinés à des professionnels de votre environnement. Les supports écrits doivent être divers.

- Quels documents avez-vous réalisés ?
- Pour quel interlocuteur ?
- Quels courriers devez-vous rédiger ?

Montrez que les documents sont adaptés aux différents destinataires.

Assurer en équipe la cohérence de l'action socio-éducative

Il s'agit de montrer que dans l'équipe vous êtes en capacité d'animer et d'organiser les actions éducatives.

- Comment animez-vous une réunion d'équipe ? À quoi êtes-vous attentif ?
- Comment planifiez-vous les interventions ? Utilisez-vous des outils spécifiques ?
- Quels sont les principes et techniques sur lesquels vous vous appuyez pour gérer des conflits ?

DC4 : implication dans les dynamiques partenariales, institutionnelles et inter-institutionnelles

Établir une relation professionnelle avec les partenaires

Il s'agit d'aborder les notions de réseau, de connaître les autres services et établissements.

Montrez que vous connaissez leurs missions. Montrez les circuits de communication.

- Avec quels professionnels êtes-vous en relation ?
- Quel est le rôle du juge ?
- Êtes-vous en contact avec les enseignants ? comment ? Participez-vous aux réunions ? Demandez-vous des rendez-vous ?

Montrez que vous connaissez l'environnement professionnel. Il s'agit d'aborder les notions de réseau, de connaître les autres services et établissements.

Montrez que vous connaissez leurs missions. Montrez les circuits de communication.

Situer son action dans le cadre des missions de l'institution et de son projet

Il s'agit de connaître le *projet institutionnel* et de situer son action dans ce projet. Montrez que vous situez le *contexte légal*, le statut de l'établissement, les missions et objectifs.

- Quel est le statut de votre service ou établissement ?
- Quelles sont les lois qui régissent cette structure ?
- De quelles mesures relève le public accueilli ?
- Quelles sont les différentes réunions ? Auxquelles participez-vous ?

Montrez une implication dans l'élaboration du projet institutionnel.

Veille professionnelle : s'informer et se former pour faire évoluer ses pratiques

Il s'agit de montrer que vous êtes attentif à acquérir de *nouvelles connaissances*, sur le métier et sur le champ du social. Montrez que vous *actualisez* vos connaissances et vos méthodes de travail que vous les partagez notamment dans l'accueil de stagiaires. Montrez que vous êtes dans une démarche *de prise de recul* au quotidien.

- Quelles sont les formations, les journées d'études auxquelles vous avez participé ? pourquoi ? Quels sont les thèmes que vous approfondissez ?
- Comment transmettez-vous ces nouvelles acquisitions en équipe ? par écrit ? par oral ?
- Quels sont les revues et ouvrages que vous lisez ?
- Participez-vous à des groupes d'analyse des pratiques ?

Montrez de l'ouverture et une volonté d'enrichissement professionnel.

Travail en partenariat et en réseau : développer des actions en partenariat et en réseau et contribuer à des pratiques de développement social territorialisé

Il s'agit de s'inscrire dans un travail de partenariat en tant qu'*acteur et/ou animateur* de réseau dans toutes les dimensions suivantes :

- comment identifiez-vous les partenaires ?
- mise en place des relations de collaboration : que faites-vous ?
- argumentation de propositions : sur quels principes vous appuyez-vous ?
- animation du réseau : quelle place avez-vous ?
- compréhension des positionnements des différents acteurs : sur quels éléments appuyez-vous vos analyses ?

Abordez la notion de développement.

Développer et transférer ses connaissances professionnelles

Il s'agit de montrer que vous produisez de la connaissance : recherche conceptualisation, transmission.

- Avez-vous produit des écrits concernant vos pratiques : articles, documents de travail ?
- Participez-vous à des formations en tant qu'intervenant ? des témoignages ?
- Participez-vous aux sélections des éducateurs spécialisés ?
- Aux jurys d'examen ?
- Exercez-vous la fonction de tuteur des stagiaires ?

LES ANNEXES (ÉLÉMENTS DE PREUVES)

Vous pouvez joindre les pièces suivantes :

- attestations de formation, participation à des colloques, des journées d'études ;
- photocopies d'extraits de cahiers d'observation, de projet personnalisé, de grilles d'évaluation, le tout rédigé par vous-même ;
- projet d'animation et évaluation ;
- comptes rendus de réunions attestant votre participation ;
- attestations de votre employeur concernant : l'accueil de stagiaire, la participation à des groupes de travail à l'interne... ;
- des courriers élaborés que vous avez élaborés à destination du juge, de différentes autorités ;
- des supports écrits, des comptes rendus de réunion que vous avez élaborés.

Cette liste n'est pas exhaustive, d'autres documents peuvent vous paraître pertinents.

BIBLIOGRAPHIE

FUSTIER P., *L'Identité de l'éducateur spécialisé*, Paris, Delarge, 1972.

VIBROD A., *Devenir éducateur une affaire de famille*, Paris, L'Harmattan, 1995.

ROUZEL J., *« Paroles d'éduc », éducateur spécialisé au quotidien*, Ramonville Saint-Agne, Érès, 1995.

ROUZEL J., *Le Travail d'éducateur spécialisé*, Paris, Dunod, 2000.

GABÉRAN P., *Être éducateur dans une société en crise : un engagement, un métier*, Paris, ESF, 1998.

CAPUL M., LEMAY M., *De l'éducation spécialisée*, Ramonville Saint-Agne, Érès, 1996.

LES DISPENSES

Si vous êtes titulaire d'un diplôme de niveau 3 (ES, ETS, ASS, CESF ou animation) vous validez automatiquement les domaines de compétences DC3 et DC4 :

DEES / DECESF / DEETS / DEASS **DC3 / DC4**

Chapitre 7

DEETS

Diplôme d'État d'éducateur technique spécialisé

Décret n° 2005-1376 du 3 novembre 2005. Arrêté du 26 janvier 2006. Circulaire n° DGAS/SD4A/2006-265 du 19 juin 2006

Le Livret 2

Reportez-vous page 51 pour les indications générales.

Page 9 : vous devez présenter votre expérience n° 1 : il s'agit de l'institution du service ou de l'établissement dans lequel vous pensez avoir à mettre en œuvre le plus de compétences. Généralement, c'est la structure dans laquelle vous êtes actuellement, si vous êtes en situation d'emploi, ou l'expérience la plus récente.

La première partie est consacrée au cadre de votre intervention : vous pouvez ajouter des feuillets car, tout en restant synthétique, le recueil des données vous amènera à produire des écrits peut-être plus conséquents pour bien cerner le contexte de votre exercice professionnel.

Page 17 : vous devez décrire des situations de travail en lien avec les fonctions ou domaines d'activités du référentiel. Appuyez-vous sur notre présentation des référentiels de compétences et des exemples de questionnement que vous y trouverez car c'est au regard de celui-ci que le jury évaluera votre dossier. Vous êtes dans du récit de situations concrètes et précises et il n'est pas attendu de généralités.

Il se peut que vous ne puissiez pas exposer toutes les situations demandées, vous pouvez traiter une ou d'autres fonctions dans une autre ou plusieurs expériences (n° 2, n° 3, etc.).

Page 26 : vous devez exposer l'analyse globale de cette expérience. Vous êtes guidé par un questionnaire : soyez clair et synthétique, bien souvent vous avez déjà abordé ces points dans la partie précédente, il s'agit là de reprendre l'essentiel sans développer ni illustrer par des exemples. Le cadre proposé peut vous paraître un peu juste essayez de le respecter car l'exercice de sélection est essentiel et montre vos capacités de synthèse.

Page 30 et page 37 : vous pouvez présenter à nouveau une deuxième, voire une troisième expérience, c'est-à-dire que vous représentez un lieu d'exercice comme pour l'expérience n° 1. Choisissez avec minutie les situations que vous allez présenter dans ces nouvelles expériences, elles doivent compléter et renforcer l'acquisition des compétences en lien avec le référentiel.

DÉFINITION DU MÉTIER

L'éducateur technique spécialisé (ETS) est un travailleur social. Il contribue à l'*intégration sociale et à l'insertion professionnelle* de personnes handicapées ou en difficulté, par l'encadrement d'activités techniques de production au cours d'une prise en charge éducative et sociale.

L'ETS travaille au sein d'une *équipe pluri-professionnelle* en lien avec d'autres acteurs : sociaux, médicaux, économiques...

L'ETS exerce ses fonctions dans des établissements et services sanitaires, sociaux et médico-sociaux, dans les entreprises de travail ordinaire et protégé ou dans des dispositifs d'insertion des secteurs publics et privés.

L'ETS intervient auprès d'enfants, d'adolescents, d'adultes, d'adultes vieillissants :

- en situation de handicap ;
- en situation de dépendance ;
- en souffrance physique ou psychique ;
- en difficulté sociale et familiale ;
- en voie d'exclusion ;
- inscrits dans un processus d'insertion ou de réinsertion.

RÉFÉRENTIEL MÉTIER

Le métier d'éducateur technique spécialisé recouvre trois grands domaines d'activités :

- l'accompagnement éducatif ;
- la formation professionnelle ;
- l'encadrement technique de la production.

LES DOMAINES DE COMPÉTENCES

DC1 : l'accompagnement éducatif

Contribuer à la mission institutionnelle par la mise en œuvre d'activités techniques et professionnelles

Il s'agit de montrer le lien que vous faites entre les missions de votre structure et les activités que vous mettez en œuvre.

> Vous travaillez dans un IMPRO et êtes responsable d'un atelier cuisine :
>
> - Quels sont les objectifs de cet atelier ?
> - Pourquoi cet atelier existe-t-il ?
> - Comment rendez-vous compte des évolutions des personnes ? Quels outils utilisez-vous ? (grilles, bilans, observations régulières).

Développer une relation éducative personnalisée en s'appuyant sur une activité technique et professionnelle qui permette la (re)construction identitaire

Il s'agit de monter à travers l'exemple choisi comment vous établissez une relation éducative en vous appuyant sur les potentialités de la personne lui permettant de réduire ses difficultés. Montrez que vous la valorisez et contribuez à la restaurer dans son identité.

> Charles travaille dans l'atelier espace verts de l'ESAT :
>
> - Quelles sont vos observations ?
> - Quelle analyse dégagez-vous de ses capacités et ses difficultés ?
> - Quels professionnels de l'équipe éducative contribuent à cette analyse ?
> - Quelles activités lui proposez-vous ?

Accompagner et aider une personne à s'insérer dans un univers professionnel, technique et social

Il s'agit de connaître l'environnement professionnel et social pour élaborer un parcours d'insertion adapté à la personne.

- Connaître les lieux de stage possibles : ateliers, entreprises, etc.
- Connaître le projet personnalisé de la personne.

Créer une dynamique de groupes favorisant l'épanouissement

Il s'agit de connaître les phénomènes de groupes pour prévenir et gérer les conflits.

Connaître les relations interpersonnelles.

- Comment prenez-vous en compte les tensions éventuelles dans l'équipe de travail dont vous êtes responsable ?

Montrez votre sens de l'animation et une certaine qualité de présence.

DC2 : formation professionnelle

Développer une démarche d'initiation et de formation professionnelle qui soit adaptée à la spécificité du handicap ou des difficultés rencontrées par les personnes

Il s'agit de montrer comment vous mettez en œuvre une pédagogie qui vise aux apprentissages et à la progression de ceux-ci.

- Quelles sont vos méthodes pédagogiques ?
- Quels sont vos outils : fiches, tableaux, grilles d'évaluation de la progression...

Structurer un cadre qui contribue à la construction d'une identité professionnelle des personnes

Il s'agit de transmettre les règles et les habitudes du travail ordinaire pour favoriser la construction d'une culture professionnelle et identitaire.

- La question des horaires de travail.
- La question des comportements entre collègues de travail.
- Les éléments du droit du travail (droits et devoirs).

Inscrire le projet de formation dans une démarche partenariale avec les milieux socioprofessionnels de manière à ce qu'il soit adapté au contexte

Il s'agit d'entretenir des liens étroits avec les partenaires professionnels afin de rester au fait des évolutions professionnelles et techniques.

En fonction des activités que vous encadrez il est nécessaire de :

- Connaître les référentiels métiers.
- Connaître les nouveaux outillages et matériaux.

Montrez que vous allez dans l'entreprise et que vous vous appuyez sur l'alternance pour réactualiser vos connaissances.

DC3 : encadrement technique de la production

Structurer l'environnement technique en fonction de la spécificité du handicap ou des difficultés rencontrées par les personnes

Il s'agit d'aménager et d'adapter selon les règles d'hygiène et de sécurité et d'ergonomie les espaces de travail.

- Connaître les techniques d'ergonomie.
- Connaître les difficultés des personnes et les conséquences des handicaps.
- Faire intervenir un médecin du travail.

Gérer, organiser la production en garantissant une approche éducative, sociale et technique

Il s'agit de montrer des méthodes d'organisation de la production qui prennent en compte les besoins sociaux et éducatifs des personnes.

- Connaître les coûts.
- Établir le budget.
- Établir un planning de la production.

Encadrer, organiser et animer une équipe de travail

Il s'agit de montrer à partir d'exemples comment vous organisez les rôles et places de chacun, comment vous communiquez à ce propos, et comment vous mettez en place un style d'animation qui permette l'expression et le respect du cadre par les personnes.

- Établir des fiches sur les postes occupés.
- Organiser des temps d'échanges ou de réunion.

LES ANNEXES (ÉLÉMENTS DE PREUVE)

Vous pouvez joindre en annexe les documents suivants :

- des comptes rendus d'activités ;
- des évaluations de résultats et des bilans retraçant la progression de la personne ;
- des observations ;
- des comptes rendus de réunions ;
- des suivis de projet ;
- un dossier descriptif d'un atelier.

BIBLIOGRAPHIE

CHAPON P.-P., *L'Éducateur technique spécialisé*, Paris, Éditions des Deux Continents, collection du Sextant, 2002.

BRAGANTI T. MATHIEU-FRITZ A., *Éducateur technique spécialisé*, Paris, ASH, 2004.

VERDÈS-LEROUX J., *Le Travail social*, Paris, Éd. de Minuit, 1978.

BOULGORN P., « Profession ETS : quelles compétences pour quel avenir ? », *La Nouvelle Revue de l'AAAIS*, CNEFEI, Suresnes, hors-série, 2004.

LES DISPENSES

Tous les diplômes de niveau 3 en travail social, DEES, DECESF, DEETS, permettent la validation automatique des DC3 et DC4 :

DEES / DECESF / DEETS / DEASS	**DC3 / DC4**

Chapitre 8

DEASS

Diplôme d'État d'assistant de service social

Décret n° 2004-533 du 11 juin 2004. Arrêté du 29 juin 2004.
Circulaire n° DGAS/4A/2005/249 du 27 mai 2005

Le Livret 2

Reportez-vous page 51 pour les indications générales.

Page 9 : vous devez présenter votre expérience n° 1 : il s'agit de l'institution du service ou de l'établissement dans lequel vous pensez avoir à mettre en œuvre le plus de compétences. Généralement, c'est la structure dans laquelle vous êtes actuellement, si vous êtes en situation d'emploi, ou l'expérience la plus récente.

La première partie est consacrée au cadre de votre intervention : vous pouvez ajouter des feuillets car, tout en restant synthétique, le recueil des données vous amènera à produire des écrits peut-être plus conséquents pour bien cerner le contexte de votre exercice professionnel.

Page 18 : vous devez décrire des situations de travail en lien avec les fonctions ou domaines d'activités du référentiel. Appuyez-vous sur notre présentation des référentiels de compétences et des exemples de questionnement que vous y trouverez car c'est au regard de celui-ci que le jury évaluera votre dossier. Vous êtes dans du récit de situations concrètes et précises et il n'est pas attendu de généralités.

Il se peut que vous ne puissiez pas exposer toutes les situations demandées, vous pouvez traiter une ou d'autres fonctions dans une autre ou plusieurs expériences (n° 2, n° 3...).

Page 26 : vous devez exposer l'analyse globale de cette expérience. Vous êtes guidé par un questionnaire : soyez clair et synthétique, bien souvent vous avez déjà abordé ces points dans la partie précédente, il s'agit là de reprendre l'essentiel sans développer ni illustrer par des exemples. Le cadre proposé peut vous paraître un peu juste essayez de le respecter car l'exercice de sélection est essentiel et montre vos capacités de synthèse.

Page 30 et page 37 : vous pouvez présenter à nouveau une deuxième, voire une troisième expérience, c'est-à-dire que vous représentez un lieu d'exercice comme pour l'expérience n° 1. Choisissez avec minutie les situations que vous allez présenter dans ces nouvelles expériences, elles doivent compléter et renforcer l'acquisition des compétences en lien avec le référentiel.

DÉFINITION DU MÉTIER

L'assistant de service social exerce de façon qualifiée, dans le *cadre d'un mandat* et des *missions spécifiques* à chaque emploi, une profession d'aide définie et réglementée (art. L. 411-1 et suivant du Code de l'action sociale des familles) dans une diversité d'institutions, de lieux et de champs d'intervention. Les assistants de service social et les étudiants se préparant à l'exercice de cette profession sont tenus au *secret professionnel* dans les conditions et sous les réserves énoncées aux articles 226-13 et 226-14 du Code pénal (art. L. 411-3 du Code de l'action sociale et des familles).

Dans le cadre des missions qui lui sont confiées, l'assistant de service social accomplit des actes professionnels engageant sa responsabilité par ses choix et ses prises de décision qui tiennent compte de la loi et des politiques sociales, de l'intérêt des usagers, de la profession et de ses repères pratiques et théoriques construits au fil de l'histoire, de lui-même en tant qu'individu et citoyen.

Dans une démarche *éthique et déontologique*, il contribue à créer les conditions pour que les personnes, les familles et les groupes avec lesquels il travaille, aient les moyens d'être *acteurs de leur développement* et de renforcer les *liens sociaux et les solidarités* dans leurs lieux de vie.

Dans ce cadre, l'assistant de service social agit avec les personnes, les familles, les groupes par une approche globale pour :

- améliorer leurs conditions de vie sur le plan social, sanitaire, familial, économique, culturel et professionnel ;

- développer leurs propres capacités à maintenir ou restaurer leur autonomie et faciliter leur place dans la société ;
- mener avec eux toute action susceptible de prévenir ou de surmonter leurs difficultés.

Il est *force de propositions* pour la conception des politiques sociales, les orientations générales et les missions développées par l'organisme qui l'emploie, ce qui l'amène à occuper des fonctions de nature différente pouvant nécessiter une spécialisation ou l'exercice de responsabilités particulières en conformité avec les finalités de sa profession.

L'assistant de service social à partir d'une analyse globale et multiréférentielle de la situation des personnes, familles, groupes procède à *l'élaboration d'un diagnostic social* et d'un *plan d'intervention* conclu avec la participation des intéressés. Il contribue aux actions de *prévention*, d'*expertise* ainsi qu'à la *lutte contre les exclusions* et au *développement social* en complémentarité avec d'autres intervenants. Il initie, promeut, participe, pilote des actions collectives et de groupes dans une dynamique partenariale et d'animation de réseau en favorisant l'implication des usagers.

LES DOMAINES DE COMPÉTENCES

DC1 : intervention professionnelle en service social

Conduite de l'intervention sociale d'aide à la personne

Évaluer une situation

Il s'agit de recueillir toutes les informations nécessaires à la compréhension, à la connaissance de la situation de la personne de ses difficultés, ses potentialités et de ses aspirations afin de l'analyser.

Vous accompagnez un jeune en situation de handicap au sein d'un centre de soins et de rééducation, se pose alors la question de son orientation.

- Quelles sont ses potentialités ?ses motivations ? ses désirs ? ses capacités et ses aptitudes par rapport à son niveau scolaire ?
- Quels outils avez-vous utilisés ?
- Avez-vous fait la démarche d'aller voir l'équipe pédagogique ? médicale ?
- Vous êtes-vous appuyé sur des précédents écrits concernant le jeune ?
- Avez-vous rencontré les parents ?

L'évaluation ne peut pas toujours se faire de manière complète ; en cas d'urgence, par exemple.

Évaluer et mettre en œuvre un plan d'aide négocié

Il s'agit de montrer comment pour mettre en œuvre un plan d'aide vous mettez en place une méthode qui prenne en compte tous les éléments de l'environnement de la personne, la place de la communication avec l'usager en respectant les règles déontologiques.

- Comment avez-vous établi une relation avec l'usager ?
- Quels sont les objectifs fixés dans la situation présentée ci-dessus ?
- Comment avez-vous formalisé le plan d'aide ?
- Sur quelles ressources allez-vous vous appuyer ?
- Quels écrits, quel compte rendu, avez-vous réalisés ?

Apprécier les résultats de l'intervention

Il s'agit de monter comment vous mettez en place des indicateurs pour évaluer l'évolution de la situation, la pertinence des outils et méthodes choisis. Montrez comment vous projetez et construisez une fin d'intervention. Montrez la place de l'usager des partenaires à cette étape de la conduite de l'intervention.

- Quels sont les indicateurs de progression que vous avez déterminés ? avec qui ?
- Comment évaluez-vous votre intervention ? avec qui ?

Conduite de l'intervention sociale d'intérêt collectif

- Concevoir et mener des actions avec des groupes
- Impulser et accompagner des actions collectives
- Contribuer au développement de projets territoriaux

Il s'agit d'être en capacité de concevoir et de mettre en œuvre une démarche d'intervention collective c'est-à-dire établir un plan à partir du repérage d'une problématique, pour mobiliser les personnes. Montrez que vous vous inscrivez dans une démarche de partenariat. La démarche doit s'appuyer sur des outils et méthodes adaptés aux objectifs.

Le président du conseil général annonce sa volonté de mettre en œuvre une nouvelle politique en matière d'insertion. Des groupes de travail se sont constitués dans l'objectif d'acquérir une meilleure connaissance du public accueilli et des actions liées à l'insertion. Ces ateliers ont pour but d'aboutir à différents projets à partir des idées et objectifs des travailleurs sociaux .

- Quelles sont vos observations ?
- Comment contribuent-elles à repérer la problématique ?

- Quel est votre rôle ?
- Quels sont les participants aux réunions ? Comment les mobilisez-vous ?
- Comment et avec qui définissez-vous les objectifs de l'action ?
- Quels sont les critères et outils d'évaluation ?

DC2 : expertise sociale

Observer, analyser, exploiter les éléments qui caractérisent une situation individuelle, un territoire d'intervention ou des populations et anticiper leurs évolutions

Il s'agit d'élaborer et de mettre en œuvre des outils destinés à l'observation et à l'analyse de problématiques spécifiques, de co-construire des modalités de recueils d'information, entrer en relation avec les professionnels concernés, définir et suivre les indicateurs clés.

La mise en place d'un observatoire de l'évolution des conduites à risque chez les jeunes d'un territoire donné.

- Quels sont vos outils pour collecter des données ?
- Quels sont les constats que vous mettez en liens ?
- Quelles sont les propositions que vous faites ? à quelle institution ?

Veille professionnelle : s'informer et se former pour faire évoluer ses pratiques

Il s'agit de montrer comment vous actualisez vos connaissances en permanence pour rester au fait des évolutions des problèmes sociaux, des politiques sociales et des expériences professionnelles collectives.

- Quelles formations avez vous suivies ?
- Vous auto-évaluez vous sur votre pratique ?
- Apportez-vous des correctifs nécessaires ?
- Quelles sont vos sources documentaires ?
- Participez-vous à des groupes d'analyse de pratique ?

Développer et transférer ses connaissances professionnelles

Il s'agit de transmettre des savoirs à de jeunes professionnels et à des étudiants.

- Êtes-vous intervenant dans un centre de formation ?

- Participez-vous aux sélections et examens ?
- Êtes-vous référent de stages ?

DC3 : communication professionnelle en travail social

Élaborer, gérer et transmettre de l'information

Il s'agit de montrer comment vous mettez en place des outils et des méthodes pour informer sur l'accès aux droits, pour sélectionner et traiter les informations. Montrez comment vous utilisez les nouvelles technologies, comment vous construisez vos écrits professionnels.

- Synthèse de situation.
- Fiches d'information.
- Argumentation de propositions.
- Rédactions d'analyse.
- Comptes rendus de réunion.

Établir une relation professionnelle

Il s'agit de montrer que vous connaissez votre service ses missions et objectifs, l'organigramme et son organisation. Communiquer avec les différents interlocuteurs en adaptant son type de communication. Utiliser des techniques de communication.

- Connaissez-vous les techniques d'entretien ?
- À qui présentez-vous votre service ?
- À quoi êtes-vous attentif lors d'un accueil ?
- Quels sont vos différents interlocuteurs institutionnels ?

DC4 : implication dans les dynamiques partenariales, institutionnelles et inter-institutionnelles

Développer des actions en partenariat et en réseau

Il s'agit de montrer comment vous vous positionnez dans un réseau de professionnels comment vous analysez les places et stratégies des différents acteurs, que vous savez animer ce réseau.

- Avec quels professionnels êtes-vous en relation ?
- Comment animez-vous ce réseau ?

Assurer une fonction de médiation

Il s'agit de montrer à partir d'exemples précis comment vous mettez en place des techniques pour gérer les conflits, pour négocier avec les personnes et les institutions.

- Avez-vous mené une médiation entre un usager et la CAF ou une autre institution ?
- Avez-vous eu à intervenir dans des situations de surendettement ?
- Quelles techniques de résolution de conflit connaissez-vous ?

S'inscrire dans un travail d'équipe

Il s'agit de montrer que vous connaissez le rôle de chacun et faites appel aux compétences et connaissances d'autres professionnels. Abordez les notions de complémentarité.

- Avez-vous des moments de partage des informations et de collaboration sur les dossiers traités ?
- Comment transmettez-vous vos observations et analyses ?
- Comment et quand sollicitez-vous l'avis de vos collègues ?

Les annexes (éléments de preuve)

Si vous présentez six fonctions vous avez à votre disposition page 15 de la notice d'accompagnement un tableau récapitulatif pour la totalité de vos documents pour remplacer celui de la page 45 conçu pour quatre fonctions :

- écrits professionnels ;
- comptes rendus de réunion ;
- organigramme ;
- courriers divers.

BIBLIOGRAPHIE

ROBERTIS C. de., *Méthodologie de l'intervention en travail social : l'aide à la personne*, Paris, Bayard, 2007.

Journal de l'action sociale. Magazine de référence des acteurs du social, Paris. Revue mensuelle.

GARNIER J.-F., *Assistante sociale : pour une redéfinition d'un métier. Essai anthropologique sur le service social*, Paris, L'Harmattan, 1999.

MORAND G., *Identité professionnelle et formation permanente des assistantes sociales*, Paris, Bayard, 1992.

LE BOUFFANT C., GUÉLAMINE F., *Guide de l'assistance sociale*, Paris, Dunod, 2e éd., 2005.

BOUQUET B., GARCETTE C., *Assistance sociale aujourd'hui*, Paris, Maloine, 3e éd., 2006.

LES DISPENSES

Tous les diplômes de niveau 3 en travail social, DEES, DECESF, DEETS, permettent la validation automatique des DC3 et DC4 :

DEES / DECESF / DEETS / DEASS **DC3 / DC4**

Chapitre 9

DEEJE

Diplôme d'État d'éducateur de jeunes enfants

Décret n° 2005-1375 du 3 novembre 2005. Arrêté du 16 novembre 2005.
Circulaire n° DGAS/4A/2006-25 du 18 janvier 2006

Le livret 2

Reportez-vous page 51 pour les indications générales.

Page 9 : vous devez présenter votre expérience n° 1 : il s'agit de l'institution du service ou de l'établissement dans lequel vous pensez avoir à mettre en œuvre le plus de compétences. Généralement, c'est la structure dans laquelle vous êtes actuellement, si vous êtes en situation d'emploi, ou l'expérience la plus récente.

La première partie est consacrée au cadre de votre intervention : vous pouvez ajouter des feuillets car, tout en restant synthétique, le recueil des données vous amènera à produire des écrits peut-être plus conséquents pour bien cerner le contexte de votre exercice professionnel.

Page 18 : vous devez décrire des situations de travail en lien avec les fonctions ou domaines d'activités du référentiel. Appuyez-vous sur notre présentation des référentiels de compétences et des exemples de questionnement que vous y trouverez car c'est au regard de celui-ci que le jury évaluera votre dossier. Vous êtes dans du récit de situations concrètes et précises et il n'est pas attendu de généralités.

Il se peut que vous ne puissiez pas exposer toutes les situations demandées, vous pouvez traiter une ou d'autres fonctions dans une autre ou plusieurs expériences (n° 2, n° 3...).

Page 26 : vous devez exposer l'analyse globale de cette expérience. Vous êtes guidé par un questionnaire : soyez clair et synthétique, bien souvent vous avez déjà abordé ces points dans la partie précédente, il s'agit là de reprendre l'essentiel sans développer ni illustrer par des exemples. Le cadre proposé peut vous paraître un peu juste essayez de le respecter car l'exercice de sélection est essentiel et montre vos capacités de synthèse.

Page 30 et page 37 : vous pouvez présenter à nouveau une deuxième, voire une troisième expérience, c'est-à-dire que vous représentez un lieu d'exercice comme pour l'expérience n° 1. Choisissez avec minutie les situations que vous allez présenter dans ces nouvelles expériences, elles doivent compléter et renforcer l'acquisition des compétences en lien avec le référentiel.

DÉFINITION DU MÉTIER

L'éducateur de jeunes enfants exerce une fonction d'accueil des jeunes enfants et leurs familles dans les différents établissements et services pouvant les recevoir. Les missions qui lui sont confiées sont en constante mutation, du fait des évolutions sociales, mais du fait aussi *des politiques nationales et locales* qui jouent un rôle fondamental dans la mise en place des modes d'accueil Petite Enfance.

L'éducateur de jeunes enfants est un travailleur social spécialiste de la petite enfance. Ses fonctions se situent à trois niveaux : *éducation, prévention, coordination*. Il s'attache à favoriser le développement global et harmonieux des enfants en stimulant leurs potentialités intellectuelles, affectives, artistiques. En créant un environnement riche et motivant, il contribue à *leur éveil et à leur apprentissage de la vie sociale*.

L'exercice du métier d'éducateur de jeunes enfants consiste en :

- la prise en charge du jeune enfant dans sa globalité en lien avec sa famille : ce qui suppose *une éthique*, des connaissances et des techniques spécifiques. Cela entraîne, en outre, *un travail d'équipe*, l'élaboration, la mise en œuvre, l'évaluation des *projets éducatifs* et sociaux et la contribution au projet d'établissement et de service ;
- un positionnement particulier dans *le champ du travail social* : spécialiste de la petite enfance, il a pour mission d'adapter ses interventions aux différentes populations, de lutter contre les *risques d'exclusion*, de prévenir les inadaptations socio-médico-psychologiques. Il crée un environnement permettant la construction de liens sociaux et *un accompagnement de la*

fonction parentale. Pour accomplir ses missions, il est amené à développer des partenariats avec les professionnels du champ sanitaire, social et de l'Éducation nationale ;

- une fonction *d'expertise éducative et sociale de la petite enfance* : il est acteur des politiques sociales territoriales. Il formule et recense les besoins en mode d'accueil, développe concertation et partenariats locaux, favorise et veille à l'adéquation entre les politiques sociales et leur mise en œuvre dans l'environnement où il évolue.

Les fonctions

- *Fonction 1* : établir une relation, élaborer et mettre en œuvre le projet éducatif en direction du jeune enfant.
- *Fonction 2* : établir une relation, élaborer et mettre en œuvre le projet éducatif en coopération avec les parents.
- *Fonction 3* : concevoir et conduire l'action éducative au sein d'une équipe pluri-professionnelle.
- *Fonction 4* : élaborer l'action éducative et sociale en lien avec les cadres institutionnels, partenariaux et les politiques de la famille et de l'enfance.

Les compétences requises sont déclinées en quatre domaines de compétences.

Les domaines de compétences

DC1 : accueil du jeune enfant et de sa famille

Développer des pratiques adaptées d'accueil et d'accompagnement du jeune enfant et de sa famille

Il s'agit de montrer comment vous accueillez un enfant, comment vous *repérez ses besoins* et mettez en place une relation qui prenne en compte son individualité.

Vous accueillez Maxime (6 mois) avec ses parents pour la première fois à la crèche.

- Comment organisez-vous l'accueil ?
- Comment établissez-vous cette première relation ?
- Quels éléments de son histoire recueillez-vous ? comment ? pourquoi ?
- Quelles observations faites-vous ?
- Sur quels supports ? grilles d'observation ? cahier de liaison ?

- Que retenez-vous pour établir un diagnostic éducatif ? Où en est-il de son développement ? Quelles sont les attentes des parents ?
- Quelles pistes de travail allez-vous mettre en place ? avec quels moyens ?
- Avec qui échangez-vous sur ce projet ?

Montrez la place de la communication verbale et non verbale.

Reconnaître et faciliter au quotidien la fonction parentale

Il s'agit de prendre en compte *la place des parents* dans la définition du projet d'accueil concernant leur enfant en reconnaissant à chacun sa fonction éducative.

Vous accueillez Maxime à la halte-garderie. Il a huit mois. La puéricultrice a demandé à vous rencontrer pour vous faire part d'informations liées aux difficultés familiales et éducatives.

- Comment établissez-vous un premier contact avec les parents ?
- Comment établissez-vous le projet éducatif ?
- Comment prenez-vous en compte les informations liées au contexte familial ?
- Comment valorisez-vous les parents dans leur rôle éducatif ?
- Faites-vous des comptes rendus écrits des rencontres avec les parents ?

Montrez que vous êtes dans une démarche de co-éducation.

Contribuer à une démarche de prévention précoce autour des premiers liens d'attachement

Il s'agit de montrer comment *vous observez* et *vous comprenez* ce qui se passe pour l'enfant et les parents autour de ces premières séparations. Vous devez aborder la notion d'*accompagnement,* tant de l'enfant que de la famille.

Vous accueillez Stéphanie (huit mois) à la crèche. C'est la troisième semaine de cet accueil, mais la maman semble toujours très angoissée et la séparation très difficile.

- Comment agissez-vous ?
- Que dites-vous ?
- Que faites-vous ?
- Que proposez-vous comme solutions pour faciliter ce moment ? pourquoi ?
- Quels supports écrits utilisez-vous pour assurer la cohérence de l'action avec vos collègues ?
- Quels relais éventuels proposez-vous ?

Montrez la communication que vous adaptez à la situation.

DC2 : action éducative en direction du jeune enfant

Favoriser le développement global de l'enfant et viser son inscription sociale dans ses différents milieux de vie (famille, école, loisirs...)

Il s'agit de montrer à travers un *projet précis* vos *méthodes pédagogiques et les moyens* que vous utilisez pour atteindre les *objectifs* visés. Vous devez montrer que vous prenez en compte chaque enfant (là où il en est) dans la collectivité.

- Comment organisez-vous les différents temps de la journée ? pourquoi ?
- Argumentez les choix éducatifs que vous faites. pourquoi telle activité à tel moment de la journée ?
- Pour un enfant qui présente des difficultés spécifiques, comment adaptez-vous cette activité ? pourquoi ?
- Que mettez-vous en place pour favoriser les processus de socialisation des enfants ?
- Quelles activités choisissez-vous pour des enfants originaires d'autres cultures (difficultés de langage) ?

Montrez vos capacités à prendre du recul sur les situations que vous rencontrez.

Concevoir et mettre en œuvre des actions de prévention sur les questions d'éducation, de santé et d'exclusion sociale

Il s'agit de montrer comment vous repérez les situations qui demandent une réaction immédiate. Vous devez montrer *votre vigilance* face aux risques d'*accidents*, de maladie et aux situations de *maltraitance*.

- Comment réagissez-vous en cas de fièvre d'un enfant ?
- Avez-vous pratiqué les gestes d'urgence ? à quelle occasion ?
- Avez-vous repéré des signes de maltraitance ? lesquels ?
- Qu'avez-vous fait ?
- Que proposez-vous aux enfants dans votre pratique quotidienne en matière d'éducation à l'hygiène ?

Abordez les notions de prévention.

DC3 : communication professionnelle

Contribuer à l'élaboration et à la conduite du projet socio-éducatif au sein d'une équipe pluri-professionnelle de l'établissement ou du service

Il s'agit de montrer, en lien avec les missions dévolues par le cadre institutionnel, *votre place dans l'équipe* : animation, écrits, articulation avec les autres intervenants... Montrez vos connaissances juridiques et la connaissance du fonctionnement budgétaire d'un projet éducatif...

- Connaissez-vous l'organigramme de la structure ?
- Quels sont les missions et les objectifs de votre établissement ?
- Animez-vous des réunions d'équipe ?
- Quels écrits rédigez-vous ?
- Quelle place prenez-vous dans l'accueil de stagiaires ?

Abordez les notions de complémentarité.

Assurer en équipe la cohérence de l'action socio-éducative auprès des jeunes enfants en coopération avec les parents

Il s'agit de montrer que l'action éducative mise en place est *coordonnée* entre les intervenants et les familles. Montrez la place de l'échange et de la communication dans le but d'assurer une *continuité* et d'éviter des incohérences éducatives.

Vous intervenez dans un foyer d'accueil. Vous raccompagnez Élodie (6 ans) pour le week-end chez ses parents.

- Comment relatez-vous le vécu de l'enfant pendant la semaine écoulée aux parents ?
- Comment menez-vous un entretien ? où ? À quoi êtes-vous attentif ?

Abordez la notion d'écoute.

DC4 : dynamiques institutionnelles, inter-institutionnelles et partenariales

Inscrire les projets et interventions socio-éducatives dans les réalités propres aux institutions et aux politiques de la petite enfance

Il s'agit de se situer dans un *environnement professionnel global* et d'établir des liens entre son action au sein de sa structure et les politiques sociales en direction de la petite enfance.

Montrez votre démarche pour contribuer à l'évolution de l'équipe et faire évoluer votre pratique.

- Quelle place avez-vous dans des projets territoriaux ?
- Quels sont les autres professionnels que vous rencontrez ?
- Quels sont les projets sur lesquels vous êtes inscrits ?
- Avez-vous mené une enquête ? sur quel thème ? avec quelle méthode ?
- Quels supports de communication avez-vous créés ?
- Avez-vous rédigé des écrits, des rapports, des articles sur des thèmes liés à la petite enfance ?
- Participez-vous à des conférences ?

Montrez de l'ouverture et une volonté d'enrichissement professionnel.

Les annexes (éléments de preuve)

Vous pouvez joindre les pièces suivantes :

- attestations de formation, participation à des colloques, à des journées d'études ;
- photocopies d'extraits de cahiers d'observation, de projets socio-éducatifs, de grilles d'évaluation, le tout rédigé par vous-même ;
- projet d'animation d'équipe et évaluation ;
- comptes rendus de réunions attestant votre participation à des synthèses ;
- attestations de votre employeur concernant : l'accueil de stagiaire, la participation à des groupes de travail à l'interne... ;
- des courriers que vous avez élaborés à destination de différents partenaires, de différentes autorités ;
- des supports écrits que vous avez construits, des comptes rendus de réunion élaborés par vous ;
- des articles rédigés par vous.

Cette liste n'est pas exhaustive, d'autres documents peuvent vous paraître pertinents.

BIBLIOGRAPHIE

FABLET D. (coordonné par), *Professionnel(e)s de la petite enfance et analyse de pratiques*, Paris, L'Harmattan, 2004.

VERBA D., *Le métier d'éducateur de jeunes enfants*, Paris, La Découverte, 2005.

« Scolarisation et modes de garde des enfants de 2 à 6 ans », *Études et résultats*, DREES, n° 497, juin 2006.

LECAPITAINE B., KARPOWICZ A., *Guide de l'éducateur de jeunes enfants*, Paris, Dunod, 2006.

LES DISPENSES

Tous les diplômes de niveau 3 en travail social, DEES, DECESF, DEETS, DEASS permettent la validation automatique des DC3 et DC4 :

DEES / DECESF / DEETS / DEASS	**DC3 / DC4**

Chapitre 10

DEMF

Diplôme d'État de médiateur familial

Décret n° 2003-1166 du 2 décembre 2003. Arrêté du 12 février 2004.
Circulaire n° DGAS/4A/2004/376

LE LIVRET 2

Reportez-vous page 51 pour les indications générales.

Page 9 : vous devez présenter votre expérience n° 1 : il s'agit de l'institution du service ou de l'établissement dans lequel vous pensez avoir à mettre en œuvre le plus de compétences. Généralement, c'est la structure dans laquelle vous êtes actuellement, si vous êtes en situation d'emploi, ou l'expérience la plus récente.

La première partie est consacrée au cadre de votre intervention : vous pouvez ajouter des feuillets car, tout en restant synthétique, le recueil des données vous amènera à produire des écrits peut-être plus conséquents pour bien cerner le contexte de votre exercice professionnel.

Page 18 : vous devez décrire des situations de travail en lien avec les fonctions ou domaines d'activités du référentiel. Appuyez-vous sur notre présentation des référentiels de compétences et des exemples de questionnement que vous y trouverez car c'est au regard de celui-ci que le jury évaluera votre dossier. Vous êtes dans du récit de situations concrètes et précises et il n'est pas attendu de généralités.

Il se peut que vous ne puissiez pas exposer toutes les situations demandées, vous pouvez traiter une ou d'autres fonctions dans une autre ou plusieurs expériences (n° 2, n° 3...).

Page 26 : vous devez exposer l'analyse globale de cette expérience. Vous êtes guidé par un questionnaire : soyez clair et synthétique, bien souvent vous avez déjà abordé ces points dans la partie précédente, il s'agit là de reprendre l'essentiel sans développer ni illustrer par des exemples. Le cadre proposé peut vous paraître un peu juste essayez de le respecter car l'exercice de sélection est essentiel et montre vos capacités de synthèse.

Page 30 et page 37 : vous pouvez présenter à nouveau une deuxième, voire une troisième expérience, c'est-à-dire que vous représentez un lieu d'exercice comme pour l'expérience n° 1. Choisissez avec minutie les situations que vous allez présenter dans ces nouvelles expériences, elles doivent compléter et renforcer l'acquisition des compétences en lien avec le référentiel.

DÉFINITION DU MÉTIER

Le médiateur familial exerce de façon qualifiée une profession de spécialisation s'appuyant sur une expérience professionnelle acquise dans le champ de l'accompagnement familial, social, sanitaire, juridique, éducatif ou psychologique.

La médiation familiale, introduit dans le Code civil article 373-2-7-10 par la loi du 4 mars 2002 relative à l'autorité parentale, est *un processus de construction ou de reconstruction du lien familial* axé sur *l'autonomie* et la *responsabilité* des personnes concernées par des situations de rupture ou de séparation.

Fondée sur l'engagement volontaire des personnes et la reconnaissance de l'altérité, la médiation familiale est confidentielle.

Son champ d'intervention recouvre :

- toutes les modalités de l'union, et notamment : mariage, concubinage, PACS, la situation des liens intergénérationnels dans leur diversité ;
- toutes les situations de ruptures telles que : décès, séparations, questions patrimoniales, incommunications ;
- les situations familiales à dimension internationale ;
- les situations familiales concernées par la protection de l'enfance.

Dans une *démarche éthique* et dans le cadre *d'entretiens confidentiels*, les médiateurs familiaux, *tiers impartial* et *indépendant*, sans pouvoir de décision, garants de cadre et du déroulement du processus, favorisent l'accompagnement du projet des personnes à travers l'organisation de leur rencontre, la restauration d'un dialogue, la gestion de leurs conflits dans le domaine familial entendu dans sa diversité et dans son évolution.

Le médiateur familial *accompagne la recherche de solutions concrètes* en amenant les personnes à trouver elles-mêmes les bases d'un accord mutuellement acceptable tenant compte, en l'état du droit, des besoins de chacun des membres de la famille et particulièrement de ceux des enfants, dans un *esprit de co-responsabilité parentale*.

Le médiateur familial exerce dans des structures diverses : associations à caractère social ou familial, associations spécifiques de médiation familiale, services publics ou para-publics et parfois en secteur libéral.

Il rend compte des principales fonctions que doivent être en capacité d'exercer les titulaires du diplôme d'État de médiateur familial :

- fonction 1 : accueil/évaluation/information/orientation ;
- fonction 2 : médiation/gestion des conflits/construction/reconstruction de liens ;
- fonction 3 : administration/rédaction/gestion ;
- fonction 4 : promotion/formation.

Les domaines de compétences

DC1 : création et maintien d'un espace tiers de médiation familiale

Évaluer une situation

Il s'agit de repérer la *dynamique relationnelle* des personnes en s'appuyant sur des connaissances théoriques et des techniques de communication. Il est nécessaire de poser un cadre d'analyse qui permette de repérer les entraves éventuelles à la médiation.

- Mme appelle au service médiation. Le juge aux affaires familiales a été saisi par Mme pour suspendre les droits de visite et d'hébergement depuis que M. a rencontré une nouvelle compagne. Le juge n'a pris aucune décision, il a recueilli l'accord des deux personnes pour une prise de contact avec vous. Vous avez reçu l'ordonnance.
- Quelles procédures d'accueil mettez-vous en place ?
- Comment recueillez-vous les éléments nécessaires à l'évaluation de la situation ?
- Quelle est la place que vous accordez à l'observation et à l'écoute verbale et non verbale ?
- Quelles connaissances mobilisez-vous pour analyser la situation ?
- Comment présentez-vous l'espace de médiation aux personnes ?

Construire une posture de tiers

Il s'agit de montrer votre démarche pour poser le cadre de la médiation qui garantisse un *espace de parole*. Vous devez exposer vos *techniques d'écoute*, de négociation.

- Comment organisez-vous les conditions de la rencontre ?
- Comment garantissez-vous l'équilibre de la parole entre les personnes ?
- Comment conduisez-vous les entretiens ?
- Comment gérez-vous les conflits ?

Restaurer les liens intra-familiaux et accompagner au changement

Il s'agit de montrer comment vous *favorisez la construction d'un projet* qui permette l'organisation de la vie familiale à partir des accords parentaux.

- Comment vérifiez-vous la compréhension mutuelle des échanges ?
- Quelles connaissances mobilisez-vous pour activer l'émergence de propositions créatives ?
- Comment identifiez-vous les points d'accord et de désaccord ?
- Comment accompagnez-vous les personnes si besoin dans la rédaction d'un document écrit ?

DC2 : communication/formation

Informer sur la démarche de médiation

Il s'agit de présenter les *actions de communication* que vous avez menées pour informer et promouvoir la médiation.

- Avez-vous participé à des journées d'études en tant qu'animateur ?
- Avez-vous réalisé des articles dans des revues ? des journaux ?
- Avez-vous organisé ou participé à des journées d'information ? auprès de quel public ?

Développer des partenariats autour de la médiation familiale

Il s'agit de montrer que vous vous inscrivez dans un *réseau partenarial* dans lequel vous identifiez bien les rôles et missions de chacun.

- Quels professionnels avez-vous rencontrés dans le cadre de l'exercice de la médiation ?
- Avez-vous participé à des réunions avec des partenaires ? quel en était l'objet ?
- À l'initiative de qui ?

Faire évoluer sa pratique et contribuer à la formation

Il s'agit de montrer que vous êtes dans une démarche de *perfectionnement permanent* et de *transmission* à de nouveaux professionnels.

- Quelles formations avez-vous suivies ?
- Comment prenez-vous du recul ?
- Comment évaluez-vous votre action ?
- Avez-vous accueilli des stagiaires ?
- Avez-vous réalisé des écrits, des articles, des ouvrages ?
- Participez-vous à la formation en tant qu'intervenant ?
- Participez-vous aux jurys de certification du diplôme ?

Les annexes (éléments de preuve)

Vous pouvez joindre en annexe les documents suivants :

- courriers aux parents ;
- courriers aux juges ;
- documents de travail supports aux échanges (budget des enfants) ;
- rédaction des accords décidés par les personnes ayant suivi le processus de médiation ;
- articles de presse.

Cette liste n'est pas exhaustive, d'autres documents peuvent vous paraître pertinents.

BIBLIOGRAPHIE

BABU A., BONNOURE AUFIÈRE P., *Guide du médiateur familial : la médiation familiale étape par étape*, Ramonville Saint-Agne, Érès, 2006.

SIX J.-F., *Les Médiateurs*, Paris, Éditions Le Cavalier Bleu, 2003.

SASSIER M., *Construire la médiation familiale*, Paris, Dunod, 2001.

LES DISPENSES

Il n'y a pas de dispenses.

Chapitre 11

CAFERUIS

Certificat d'aptitude aux fonctions d'encadrement et de responsable d'unité d'intervention sociale

Décret 2004-289 du 25 mars 2004 portant création du CAFERUIS. Arrêté du 8 juin 2004. Circulaire 2004/412 du 2 septembre 2004

Le Livret 2

Reportez-vous page 51 pour les indications générales.

Page 9 : vous devez présenter votre expérience n° 1 : il s'agit de l'institution du service ou de l'établissement dans lequel vous pensez avoir à mettre en œuvre le plus de compétences. Généralement, c'est la structure dans laquelle vous êtes actuellement, si vous êtes en situation d'emploi, ou l'expérience la plus récente.

La première partie est consacrée au cadre de votre intervention : vous pouvez ajouter des feuillets car, tout en restant synthétique, le recueil des données vous amènera à produire des écrits peut-être plus conséquents pour bien cerner le contexte de votre exercice professionnel.

Page 18 : vous devez décrire des situations de travail en lien avec les fonctions ou domaines d'activités du référentiel. Appuyez-vous sur notre présentation des référentiels de compétences et des exemples de questionnement que vous y trouverez car c'est au regard de celui-ci que le jury évaluera votre dossier. Vous êtes dans du récit de situations concrètes et précises et il n'est pas attendu de généralités.

Il se peut que vous ne puissiez pas exposer toutes les situations demandées, vous pouvez traiter une ou d'autres fonctions dans une autre ou plusieurs expériences (n° 2, n° 3...).

Page 26 : vous devez exposer l'analyse globale de cette expérience. Vous êtes guidé par un questionnaire : soyez clair et synthétique, bien souvent vous avez déjà abordé ces points dans la partie précédente, il s'agit là de reprendre l'essentiel sans développer ni illustrer par des exemples. Le cadre proposé peut vous paraître un peu juste essayez de le respecter car l'exercice de sélection est essentiel et montre vos capacités de synthèse.

Page 30 et page 37 : vous pouvez présenter à nouveau une deuxième, voire une troisième expérience, c'est-à-dire que vous représentez un lieu d'exercice comme pour l'expérience n° 1. Choisissez avec minutie les situations que vous allez présenter dans ces nouvelles expériences, elles doivent compléter et renforcer l'acquisition des compétences en lien avec le référentiel.

DÉFINITION DU MÉTIER

Les encadrants et responsables d'unité d'intervention sociale sont des acteurs de la mise en œuvre de l'action sociale et médico-sociale qui tend à promouvoir l'autonomie et la protection des personnes, la cohésion sociale, l'exercice de la citoyenneté, à prévenir les exclusions et à en corriger les effets. Ils exercent leur activité notamment dans le cadre des établissements et services visés par l'article L. 312-1 du cade de l'action sociale et des familles.

Intermédiaires entre direction et équipes, entre plusieurs équipes, entre équipes et partenaires, ils sont un maillon essentiel de l'organisation, ils jouent donc un rôle clé au sein des établissements, des services ou des dispositifs d'intervention sociale pour la mise en œuvre des réponses aux besoins des usagers. Ils sont à leur niveau *garants du respect des droits des usagers* et se doivent de favoriser et d'impulser une *réflexion éthique* au sein de leur unité.

En responsabilité d'une unité de travail ils ont pour mission principale l'encadrement d'une équipe et des actions directement engagées auprès des usagers. Ils *pilotent l'action* dans le cadre du projet de service dans le respect du projet de l'organisation. Leur position d'interface leur confère une fonction spécifique de communication interne.

Dans leurs fonctions, ils disposent *d'autonomie, d'initiative, et de responsabilités* dont le degré varie selon leur position hiérarchique dans la structure et le niveau de délégation.

Leurs fonctions et leur positionnement nécessitent qu'ils développent des compétences spécifiques relatives à l'encadrement susceptibles d'être mises en œuvre dans l'ensemble des secteurs de l'action sociale et médico-sociale.

LES DOMAINES DE COMPÉTENCES

DC1 : conception et conduite de projet d'unité ou de service dans le cadre du projet institutionnel

Concevoir et mettre en œuvre un projet d'unité ou de service

Le terme de projet implique que l'on se situe dans une hypothèse d'action. Il conduit ainsi l'idée de transformation, de mouvement. Le projet définit le sens de ce mouvement vers l'avant.

Il s'agit de mettre en œuvre une action qui soit l'affaire de tous et qui ne reste pas le travail d'un instant.

Le projet de structure doit bien être un outil en perpétuel mouvement.

Vous tenterez pour ce domaine de compétence de développer les différentes phases de la construction du projet de service pour lequel vous avez été maître d'œuvre.

Participer à la construction de projets individuels ou collectifs et assurer leur suivi

Vous aurez à développer comment le projet individuel s'est construit.

Présentation des outils et concepts déontologiques.

Comment avez-vous associé vos équipes à son élaboration et à l'appropriation de l'outil ?

1. Au niveau de l'expérimentation

- Comment est-il utilisé ?
- Quelle est la place de l'usager et de sa famille ?
- Qui l'utilise et dans quelles instances ?

2. Au niveau de la validation :

Quelles ont été les étapes de la validation et sous quelles formes vous l'avez mise en place ?

Au niveau de l'évaluation :

3. Comment l'organisez vous ? Avec quels outils ? Quand et avec qui ?

DC2 : expertise technique

Être en capacité de mettre en perspective les fondements et les grandes orientations des politiques sociales, l'organisation politique, juridique et administrative française et européenne.

Il est important de montrer comment vous mobilisez et exploitez les connaissances des politiques sociales, des acteurs locaux et institutionnels, des organisations des méthodes d'intervention sociale, pour situer les problématiques locales ou spécifiques dans un contexte plus large et les rendre intelligibles.

Développer une expertise sectorielle en s'appuyant sur les connaissances générales : dispositifs, modalités de prise en charge et financement

À partir d'une *problématique complexe* que vous aurez diagnostiquée, analysée et dont vous aurez repéré les enjeux, les logiques et les stratégies des acteurs, vous développerez comment vous instruisez vos décisions, vos choix stratégiques en tenant compte des dispositifs et des modalités de prise en charge et des financements.

Être en capacité d'apporter un appui technique aux interventions en référence aux cultures et aux pratiques professionnelles aux problématiques liées à l'éthique et à la déontologie

Il faut montrer *quel appui technique* vous êtes en mesure d'apporter et sous quelles formes afin que soit respectée la culture professionnelle en termes *d'éthique et de déontologie.*

- Comment faites-vous pour favoriser la réflexion éthique ?
- Quels moyens sont en place pour aider les collaborateurs à adhérer à l'idéologie et la culture professionnelle de votre service ?

DC3 : management d'équipe

Animer, conduire, motiver et mobiliser une équipe dans le cadre d'une organisation

Vous aurez à développer *le type de management* pour lequel vous avez opté. N'hésitez pas à donner des exemples qui sont significatifs et dans lesquels on voit bien apparaître votre positionnement (gestion des conflits...).

Le but est *bien de montrer les moyens* que vous mettez en place pour faire respecter la *philosophie du projet associatif* et de veiller au respect des orientations de l'établissement.

Organiser et coordonner les interventions

- Quels sont les outils que vous utilisez en termes d'organisation et de coordinations du travail de vos collaborateurs ?
- Comment organisez-vous les horaires de travail ?
- Les réunions (fonction planification, participation). Quelles sont les différentes réunions et leurs fonctions ?
- Systèmes de contrôle de l'intervention.

  Avez-vous mis en place des système de contrôle ?

Développer les compétences individuelles et collectives

- Quels sont les outils et les instances auxquelles vous participez pour développer les compétences individuelles et collectives ?
- Quelle est votre implication dans le plan de formation ? Votre participation à l'entretien annuel d'évaluation, la politique de mobilité du personnel, la gestion prévisionnelle des emplois et des compétences.

DC4 : organisation du travail, gestion administrative et budgétaire d'une unité ou d'un service

Assurer l'organisation du travail le suivi de la gestion administrative de l'unité ou du service

Développez vos missions en termes de gestion administrative.

- Quels sont les systèmes de veille que vous avez mis en place afin que soit appliquée la réglementation en vigueur (sécurité aux bénéfices des usagers et du personnel) ?
- Applications et contrôle des normes de sécurité.
- Mode de transmission des directives réglementaires aux personnes placées sous votre autorité.

1. En matière de direction technique et animation
   Comment faites-vous respecter le projet associatif et comment veillez-vous au respect des orientations de l'établissement (programme de réunion, outils de suivi de journée par exemple, gestion des flux des entrées et sorties de votre établissement) ?
2. En matière de gestion du personnel
   Votre implication en termes de gestion du personnel (embauche, élaboration contrat de travail horaire...).

Élaborer, présenter et gérer un budget d'unité ou de service

Montrez votre implication dans l'élaboration du budget et développez vos procédures comptables.

- Sur quelles bases vous appuyez-vous pour élaborer votre budget prévisionnel ?
- Quel rôle tenez-vous dans la préparation du budget prévisionnel ? À qui devez-vous le présenter et par qui est-il validé ?
- En termes de contrôle budgétaire, quels sont les outils de contrôle que l'on vous impose et ou que vous avez mis en place ?

Il serait intéressant que vous puissiez développer les étapes budgétaires sur un exercice et de montrer votre implication sur chacune d'elle.

DC5 : communication, interfaces, gestion de partenariats

Assurer la communication interne, ascendante et descendante ainsi que la circulation de l'information, y compris en direction des usagers

Montrez les moyens de communication que vous favorisez pour faire circuler l'information : Les notes de services, les notes d'information, les affichages, les réunions, et le rôle des instances représentatives du personnel.

Quels sont les outils utilisés pour la communication interne ascendante et descendante ?

Il ne faut pas hésiter à prendre *un exemple concret et montrer le réseau* que vous avez utilisé pour permettre de donner ou récupérer l'information en direction des usagers. *Montrez la procédure utilisée qui respecte le droit des usagers* afin qu'ils puissent avoir l'information (document en place en références à la loi 2002 en autre).

Négocier, proposer et décider

Il s'agit de montrer comment vous faites *pour prendre vos décisions* à partir d'exemples concrets et de montrer la procédure utilisée.

Il est intéressant de montrer quelles sont les instances que vous utilisez ou que vous avez mises en place pour *faciliter la négociation, faire passer vos propositions* et enfin pouvoir *décider avec l'aval des partenaires.*

Développer des actions en partenariat et en réseau

À partir d'un exemple vous devrez développer une action qui met en évidence le *partenariat tant à l'interne qu'en réseau externe.*

Expliquez le choix des partenaires, les stratégies mises en œuvre.

DC6 : évaluation, développement de la qualité

Évaluer le projet, l'organisation, le fonctionnement, les résultats, les prestations, l'action des intervenants de l'unité ou du service

Dans votre service quels sont les systèmes et procédures d'évaluation interne de satisfaction de participation et de contribution ?

Présentez vos outils d'évaluation du personnel.

- L'entretien annuel d'évaluation.
- L'évaluation de l'ambiance, du climat social.
- Compte rendu du CHSCT, des délégués du personnel ou bien encore des délégués syndicaux.
- Repérez le nombre d'arrêts de travail dans l'année...

Assurer et développer la qualité du service rendu

Montrez comment vous êtes vigilant à la question de la qualité.

- Enquête de satisfaction auprès des usagers et de leurs familles.
- Enquête de satisfaction auprès des partenaires : services sociaux, juges, conseil général, DDASS. Votre analyse sur la question sera la bienvenue.

LES ANNEXES (ÉLÉMENTS DE PREUVE)

Vous pouvez joindre les documents suivants :

- des tableaux de bord ou les outils de suivi utilisés ;
- des comptes rendus de réunions ;
- le projet de service que vous auriez élaboré ;
- des analyses des besoins de formation et propositions ;
- les bilans d'activités ;
- des articles que vous avez rédigés ;
- des courriers que vous avez élaborés à destination de différents partenaires, des différentes autorités ;
- des descriptifs de documents de veille ;
- les notes de présentation de votre service, de son projet à des partenaires extérieurs ;
- la note argumentaire pour fonder un projet de budget ;

Cette liste n'est pas exhaustive d'autres documents peuvent vous paraître pertinents.

BIBLIOGRAPHIE

DOBIECKI B., GUAQUÈRE D., *Être cadre dans l'action sociale et médico-sociale*, Paris, ESF, 2001.

LEFÈVRE P., *Guide de la fonction cadre et responsable de service en action sociale et médico-sociale*, Paris, Dunod, 2008.

BERTAUX R., HIRLET P., PRÉPIN O., STEICHER F., *L'Encadrement intermédiaire dans les champs sanitaire et social, un métier en construction*, Paris, Éd. Seli Arslan, 2006.

LES DISPENSES

Si vous possédez les diplômes suivants vous validez automatiquement ces domaines de compétences :

DSTS/DEIS	**DC1 / DC3**

Chapitre 12

DEIS

Diplôme d'État d'ingénierie sociale

Décret n° 2006-770. Arrêté du 2 août 2006.
Circulaire n° DGAS/SD4A/2006-379 du 1er septembre 2006

Le Livret 2

Reportez-vous page 51 pour les indications générales.

Page 9 : vous devez présenter votre expérience n° 1 : il s'agit de l'institution du service ou de l'établissement dans lequel vous pensez avoir à mettre en œuvre le plus de compétences. Généralement, c'est la structure dans laquelle vous êtes actuellement, si vous êtes en situation d'emploi, ou l'expérience la plus récente.

La première partie est consacrée au cadre de votre intervention : vous pouvez ajouter des feuillets car, tout en restant synthétique, le recueil des données vous amènera à produire des écrits peut-être plus conséquents pour bien cerner le contexte de votre exercice professionnel.

Page 17 : vous devez décrire des situations de travail en lien avec les fonctions ou domaines d'activités du référentiel. Appuyez-vous sur notre présentation des référentiels de compétences et des exemples de questionnement que vous y trouverez car c'est au regard de celui-ci que le jury évaluera votre dossier. Vous êtes dans du récit de situations concrètes et précises et il n'est pas attendu de généralités.

Il se peut que vous ne puissiez pas exposer toutes les situations demandées, vous pouvez traiter une ou d'autres fonctions dans une autre ou plusieurs expériences (n° 2, n° 3...).

Page 26 : vous devez exposer l'analyse globale de cette expérience. Vous êtes guidé par un questionnaire : soyez clair et synthétique, bien souvent vous avez déjà abordé ces points dans la partie précédente, il s'agit là de reprendre l'essentiel sans développer ni illustrer par des exemples. Le cadre proposé peut vous paraître un peu juste essayez de le respecter car l'exercice de sélection est essentiel et montre vos capacités de synthèse.

Page 30 et page 37 : vous pouvez présenter à nouveau une deuxième, voire une troisième expérience, c'est-à-dire que vous représentez un lieu d'exercice comme pour l'expérience n° 1. Choisissez avec minutie les situations que vous allez présenter dans ces nouvelles expériences, elles doivent compléter et renforcer l'acquisition des compétences en lien avec le référentiel.

DÉFINITION DU MÉTIER

Les transformations sociales, la territorialisation et la complexité croissante des dispositifs liés aux politiques sociales et à l'action sociale et médico-sociale, les exigences d'adaptation et de qualité des réponses à apporter aux besoins des usagers, la prise en compte du contexte européen impliquent pour les organisations des besoins de compétences accrus, sur des profils de cadres managers et des cadres développeurs. Le métissage des compétences existe entre ces deux profils. Ainsi, si les titulaires du diplôme d'État d'ingénierie sociale ancrent principalement leurs compétences dans les registres *du cadre développeur,* ils sont aussi compétents dans le domaine de *la mobilisation des ressources humaines.*

Ils sont tout d'abord *des experts des politiques sociales*, de l'action sociale et médico-sociale. Ils sont donc en mesure d'exploiter les références professionnelles et les connaissances pluridisciplinaires acquises, de tenir compte des différentes politiques publiques pour *analyser et problématiser des questions sociales*, d'interroger les politiques et les actions, de *proposer et conduire des programmes* ou des projets complexes. Ces compétences sont également transférables dans le champ de la formation.

Les interventions de ces professionnels reposent sur trois domaines de compétences :

- la production de connaissances ;
- la conception et la conduite d'action ;
- la communication et les ressources humaines.

Leurs compétences les appellent à occuper des fonctions dont l'agencement dépend des organisations qui les emploient mais qui s'articulent autour de :

- l'expertise et du conseil ;
- la conception et le développement ;
- l'évaluation.

Ces fonctions et les compétences associées ont pour caractéristique de s'appuyer sur des *démarches de coproduction*, à l'interne et à l'externe des organisations. Elles contribuent en conséquence à l'articulation et à la mise en cohérence des objectifs, des missions et des moyens de l'action sociale à travers ses politiques et ses interventions. À *l'intersection des domaines politique et technique*, elles permettent d'éclairer la compréhension des enjeux propres à chacun d'eux et de favoriser leur rapprochement.

LES DOMAINES DE COMPÉTENCES

DC1 : production de connaissances

Réaliser des analyses contextualisées de problèmes complexes appliqués à une question sociale, un territoire, une organisation

Il s'agit d'être en capacité de concevoir et de mettre en œuvre une démarche de diagnostic, c'est-à-dire établir un plan de recueil d'informations, identifier et contacter les personnes ressources, collecter l'information de manière qualitative et/ou quantitative, sélectionner et analyser l'information recueillie.

La démarche doit s'appuyer sur des outils méthodologiques adaptés aux objectifs du diagnostic.

- Analyse en termes de forces/faiblesses/opportunités/menaces si le diagnostic vise à dégager les spécificités d'un territoire.
- Analyse en termes de relations de pouvoir et de jeux d'acteurs si la démarche a pour objectif la compréhension du fonctionnement d'une organisation.

Construire un dispositif d'observation et de veille sociale

Il s'agit d'élaborer et de mettre en œuvre des outils destinés à l'observation et à l'analyse de problématiques spécifiques, entrer en relation avec les professionnels concernés par ces problématiques, co-construire les modalités de recueil d'information, définir et suivre des indicateurs clés, par exemple : mise en place d'un observatoire de l'évolution des conduites à risque chez les jeunes d'un territoire donné.

Conduire des études ou des recherches

Il s'agit d'élaborer et de mettre en œuvre des démarches d'études de problèmes complexes à partir d'éléments méthodologiques issus de la recherche-action. Il s'agit aussi d'avoir un positionnement éthique et de savoir garder une posture d'extériorité vis-à-vis de son objet de recherche. Il est important de montrer votre capacité à obtenir la participation et l'adhésion des acteurs du champ étudié, à analyser des données et à les transposer de manière opérationnelle.

La démarche peut également être indirecte : capacité à formaliser une commande à un cabinet conseil ou à des universitaires, savoir rédiger un cahier des charges.

DC2 : conception et conduite d'actions

Conduire des analyses prospectives

Il s'agit d'élaborer différents scénarios destinés à faciliter la prise de décision, de manifester des capacités d'anticipation et de projection à partir de données recueillies, de savoir synthétiser et présenter avec clarté différentes propositions aux décideurs.

> À partir de l'étude de l'évolution des besoins d'une population, conseiller des élus locaux sur les différents positionnements stratégiques possibles d'un centre social intercommunal.

Développer une ingénierie de projets ou de programmes

Maîtriser les outils de la méthodologie de projet.

Capacité à coordonner et mettre en synergie des professionnels d'horizons différents et à obtenir l'adhésion autour d'objectifs communs et opérationnels.

> Concevoir une démarche projet destinée à faciliter l'accès à la formation des personnes malentendantes. Piloter le groupe projet en associant les différents partenaires : SESSAD, AGEFIPH, Éducation nationale, organismes de formation...

Piloter des démarches évaluatives

Intégrer la dimension évaluative dès la phase de conception des projets et dans une perspective d'amélioration continue de la qualité des prestations.

Savoir définir et limiter le champ et les objectifs de l'évaluation, identifier des indicateurs d'évaluation simples, opérationnels et mesurables.

Durant la phase d'élaboration d'un projet d'établissement, conduire un groupe de travail destiné à produire un référentiel d'évaluation interne.

DC3 : communication et ressources humaines

Évaluer et mobiliser les ressources nécessaires pour conduire un projet, pour susciter le changement, pour favoriser la transmission des savoirs professionnels

Il s'agit de savoir repérer les potentiels d'adhésion au projet ainsi que les facteurs de résistance. Créer un climat de travail serein propice à l'expression collective, fixer un cadre de travail et le faire respecter. Accompagner les professionnels dans la formalisation et la valorisation de leurs compétences.

Accompagner les travailleurs sociaux d'une institution à développer des pratiques d'intervention en réseau.

Promouvoir les processus formatifs pour développer les compétences individuelles et collectives

Mettre en œuvre les conditions facilitant le recours à la formation individuelle et collective. Susciter la motivation pour la formation et le développement des compétences de ses collaborateurs.

Réaliser des entretiens d'évaluation des compétences dans une dynamique de promotion individuelle.

Coordonner, animer et réguler des collectifs de travail

Il s'agit de savoir préparer et animer des réunions, trouver un juste positionnement entre l'expression des professionnels et l'atteinte des objectifs de la réunion.

Assurer la communication et l'information pour l'efficience des actions et la diffusion des connaissances

Capacité à élaborer un plan de communication au service d'un projet ou d'une action.

Savoir mener diverses actions de communication en fonction des objectifs et des publics visés (par exemple, lettre d'information, journal d'entreprise, réunion institutionnelle, journée portes ouvertes, mise en place d'une messagerie Intranet...).

LES ANNEXES (ÉLÉMENTS DE PREUVE)

Reportez-vous à la notice d'accompagnement de votre Livret 2.

BIBLIOGRAPHIE

BOYE V., DUJARDIN D., *Le Devenir professionnel des titulaires du DSTS*, Université de Strasbourg-CERIS, 1995. *Vie sociale*, n° 4, CEDIAS, 1997.

LES DISPENSES

Si vous possédez les diplômes suivants vous validez automatiquement ces domaines de compétences :

CAFERUIS	**DC3**
DSTS	**DC1 / DC3**

Chapitre 13

CAFDES

Certificat aptitude aux fonctions de directeur d'établissement

Décret n° 2007-577 du 19 avril 2007. Arrêté du 5 juin 2007.
Circulaire n° DGAS/SD4A/2007-310 du 6 août 2007

LE LIVRET 2

Reportez-vous page 51 pour les indications générales.

Page 9 : Vous devez présenter votre expérience n° 1 : il s'agit de l'institution du service ou de l'établissement dans lequel vous pensez avoir à mis en œuvre le plus de compétences. Généralement c'est la structure dans laquelle vous êtes actuellement, si vous êtes en situation d'emploi.

La première partie est consacrée au cadre de votre intervention : vous pouvez ajouter des feuillets car, tout en restant synthétique, le recueil des données vous amènera à produire des écrits peut-être plus conséquents pour bien cerner le contexte de votre exercice professionnel. Toutefois il semblerait que l'EHESP conseille de respecter le volume au plus près.

Page 19 : Vous devez décrire des situations de travail en lien avec les fonctions ou domaines d'activités du référentiel appuyez-vous sur notre présentation des référentiels de compétences et des exemples de questionnement que vous y trouverez car c'est au regard de celui-ci que le jury évaluera votre dossier. Vous êtes dans du récit de situations concrètes et précises et il n'est pas attendu de généralités.

Il se peut que vous ne puissiez pas exposer toutes les situations demandées, vous pouvez traiter une ou d'autres fonctions dans une autre ou plusieurs expériences (n° 2, n° 3, etc.).

Page 24 : vous devez exposer l'analyse globale de cette expérience. Vous êtes guidé par un questionnaire : soyez clair et synthétique, bien souvent vous avez déjà abordé ces points dans la partie précédente, il s'agit là de reprendre l'essentiel sans développer ni illustrer par des exemples. Le cadre proposé peut vous paraître un peu juste essayez de le respecter car l'exercice de sélectionner cet essentiel montre certaines de vos capacités.

Page 28 et page 45 : vous pouvez présenter à nouveau une deuxième voire une troisième expérience c'est-à-dire que vous représentez un lieu d'exercice comme pour l'expérience no 1. Choisissez avec minutie les situations que vous allez présenter dans ces nouvelles expériences, elles doivent compléter et renforcer l'acquisition des compétences en lien avec le référentiel.

DÉFINITION DU MÉTIER

Les directeurs exercent leurs missions et assument des responsabilités confiées par délégation de la personne morale, dans le respect du cadre législatif et réglementaire et s'inscrivant dans les missions d'intérêt général et d'utilité sociale.

Les directeurs *élaborent, conduisent et veillent à l'évaluation du projet d'établissement ou de service* dans le respect du projet de la personne morale auquel il peut contribuer et des orientations des politiques publiques, en s'assurant de l'adhésion de l'ensemble des acteurs. *Ils initient et développent les partenariats et le travail en réseau.*

Ce métier repose sur un socle de compétences fondamentales et une adaptabilité aux multiples conditions d'exercice. *Les directeurs assurent le management des ressources humaines* et animent les équipes et notamment l'équipe de direction.

Ils sont *responsables de la gestion économique, financière et logistique* d'un établissement ou d'un service. Ils contribuent à l'évaluation des politiques sanitaires et sociales mises en place sur le territoire en apportant leur *expertise technique*, fondée sur la connaissance du terrain et guidée par une exigence éthique et déontologique de l'intervention sociale.

RÉFÉRENTIEL PROFESSIONNEL

Les compétences essentielles pour exercer les fonctions de directeur d'établissement ou de service d'intervention sociale déclinent en quatre domaines de compétences dont la maîtrise est exigée pour une pratique efficace du métier.

DOMAINES DE COMPÉTENCES

DC1 : Élaboration et conduite stratégique d'un projet d'établissement ou de service

Élaborer un projet d'établissement ou de service en cohérence avec le projet de la personne morale gestionnaire et avec les besoins et attentes des usagers

Il s'agit de décrire votre pratique dans la conception et la conduite de projet d'établissement ou de service.

- Décrire votre capacité à établir un diagnostic en prenant en compte les atouts et les faiblesses de votre offre.
- Identifier les valeurs, les objectifs et les attentes de la personne morale et veiller à ce que le projet soit en cohérence avec les besoins et les attentes des usagers.
- Tenir compte des politiques publiques et définir les moyens à mettre en œuvre pour élaborer un plan d'action stratégique en hiérarchisant les étapes et les priorités.

Organiser la stratégie de communication externe

Il s'agit de montrer comment vous valorisez l'offre de service de votre établissement ainsi que les expérimentations et les innovations inhérentes à cette offre.

- Comment gérez-vous l'outil de communication en situation de crise ou pas ?

Initier et organiser les partenariats

Il s'agit de localiser les partenariats possibles ainsi que les personnes ressources utiles.

- Quels outils mettez vous en place pour contractualiser, assurer le suivi et actualiser ces coopérations ?

Piloter et mettre en œuvre le projet d'établissement ou de service et en être le garant

Il s'agit de décrire de quelle façon vous vous assurez de l'adhésion des différents acteurs au projet et à sa conduite.

- De quelle façon organisez-vous la concordance entre le projet individuel et le projet d'établissement ?
- Quelles décisions prenez-vous pour optimiser la réalisation du projet ?

Garantir l'exercice des droits et des libertés des usagers

Il s'agit de présenter quelles instances vous avez mis en place pour favoriser la participation des usagers à la vie de l'établissement ou du service et comment vous êtes garant de leur expression, dans le respect des droits et libertés.

Apprécier les enjeux d'un projet en terme de prise de risque et de responsabilité

Il s'agit de mesurer la résonance de vos missions et de vos responsabilités, ainsi que celles de la personne morale, au regard des règles et des procédures.

Évaluer le projet d'établissement ou de service et développer la qualité des prestations

Il s'agit de présenter les outils d'évaluation interne et externe du projet vous avez mis en place. De quelle façon avez vous initié un processus de démarche qualité et comment pouvez vous adapter le projet au changement.

DC2 : Management et gestion des ressources humaines

Piloter la gestion administrative des ressources humaines

Il s'agit d'appliquer les mesures et les principes des différentes règles législatives : droit du travail, droit conventionnel et notions de droit statutaire inhérent à la fonction publique.

Faire preuve d'une bonne connaissance des obligations et responsabilités de la fonction de directeur en matière de prévention des risques ainsi que du fonctionnement des instances représentatives du personnel.

Concevoir et accompagner la gestion prévisionnelle des emplois et des compétences

Il s'agit d'élaborer une planification cohérente des emplois :

- savoir construire des profils de poste ;
- élaborer et conduire de recrutement ;
- établir des outils pour mesurer les écarts entre les compétences disponibles et les compétences nécessaires ;

- mettre en place une démarche d'évaluation du personnel ainsi qu'une politique de formation et de qualification du personnel.

Assurer le management des ressources humaines

Il faudra faire preuve d'une bonne connaissance des outils, modèles et théories de l'organisation et les mettre en équation avec les projets de l'établissement ou du service. De même qu'il sera précieux de démontrer comment vous proposez et vous pratiquez des choix de management ainsi que vos capacités à déléguer outre vos propres délégations.

Il s'agit aussi de prouver comment vous animez et conduisez les entretiens, les réunions et comment vous prévenez, repérez et gérez les conflits. Enfin comment vous accompagner le changement au sein de votre organisation.

Élaborer et décider une politique de communication interne

Il s'agit de présenter comment vous êtes l'initiateur d'une dynamique de communication interne et de circulation de l'information, tout en en maîtrisant l'évaluation.

DC3 : gestion économique, financière et logistique d'un établissement ou d'un service

Élaborer et exécuter le budget de l'établissement ou du service

Il s'agit de prouver votre bonne connaissance des techniques budgétaires, comptables et de tarification ainsi que de leurs règles et procédures.

Planifier et maîtriser la gestion budgétaire et financière pluriannuelle

Il s'agit ici de démontrer votre maîtrise des enjeux budgétaires de votre organisation. Vous devrez faire preuve de vos compétences pour :

- élaborer un diagnostic de la situation financière de l'établissement ou du service ;
- repérer les composantes des coûts des différentes activités ;
- mettre en place une politique d'investissement ;
- planifier une stratégie pluriannuelle de financement.

Rendre compte de la gestion de l'établissement ou du service.

Assurer la gestion logistique et immobilière.

Il s'agit de montrer que vous connaissez le droit des contrats et les procédures des marchés publiques. De même pour votre capacité à gérer les travaux, les fonctions d'hébergement et/ou de restauration ainsi que les adaptations nécessaires des équipements immobiliers.

Mener une politique de prévention et de gestion des risques

Quelles sont vos connaissances des règles et procédures en matière d'hygiène et de sécurité ? Notamment en terme de prévention. Comment résoudre un risque avéré et quelles procédures mettre en place ?

DC4 : expertise de l'intervention sanitaire et sociale sur un territoire

Analyser l'environnement et ses acteurs

Il s'agit de prouver votre connaissance des fondements et des évolutions des politiques sanitaires et sociales ainsi que de l'organisation politique et administrative des institutions nationales et européennes.

Vous démontrerez votre maîtrise du champ sanitaire et social en terme d'institutions et d'acteurs ainsi que des logiques du développement social et économique des territoires.

Apporter une expertise technique à une problématique sanitaire et sociale appliquée à une catégorie de public sur un territoire

Il s'agit de prouver votre capacité à cerner les problématiques de certains publics ainsi que les dispositifs mis en place et adaptés. Décrire de quelle façon vous savez positionner votre établissement au sein de ce maillage de dispositifs, réseaux et schémas. Quels outils mettez-vous en action pour anticiper sur l'évolution des besoins de ces publics au regard des diverses informations que vous avez recueillies et analysées.

LES ANNEXES (ÉLÉMENTS DE PREUVE)

Reportez-vous à la notice d'accompagnement de votre Livret 2.

BIBLIOGRAPHIE

JAEGER M. (dir.), *Diriger un établissement ou un service en action sociale et médico-sociale*, Paris, Dunod, 2005.

LEFÈVRE P., *Guide de la fonction directeur d'établissement dans les organisations sociales et médico-sociales*, 2e éd., Paris, Dunod, 2003.

Guide du directeur d'établissement ou de service, Paris, Éditions Direction(s), 2005.

MIRAMON J.-M., COUET D., PATURET J.-B., *Le métier de directeur*, 3e éd., Rennes, ENSP, 2005.

DUBREUIL B., *Le travail de directeur en établissement social et médico-social*, Paris, Dunod, 2004.

LES DISPENSES

Si vous possédez les diplômes suivants vous validez automatiquement ces domaines de compétences :

CAFERUIS	**DC4**
DEIS	**DC1 / DC4**
DSTS	**DC4**

Bibliographie générale

GUILLER A., « Marathon pour un diplôme », *ASH Magazine*, no 24 novembre–décembre 2007.

LAINÉ A., Quand l'expérience se fait savoir, L'accompagnement en validation des acquis, Éditions Erès, Collection « Trames », 2006.

JOSSE C., *Réussir sa VAE*, Éditions Dunod, 2006.

ROUZEL J., *La pratique des écrits professionnels en éducation spécialisée*, Éditions Dunod, 2000.

NIOBEY G., GALIANA T. (DE) ET AL., *Dictionnaire analogique*, Éditions Larousse.

LEBOTERF G., *De la compétence*, Éditions d'Organisation, 1997.

Annexes

Annexe 1

De quelques lois

LA LOI DU 2 JANVIER 2002 RÉNOVANT L'ACTION SOCIALE ET MÉDICO-SOCIALE

> « L'exercice des droits et liberté individuels est garanti à toute personne prise en charge par des établissements et services sociaux et médico-sociaux[1]. »

La loi 2002.2 garantie à la personne prise en charge :

- le respect de sa dignité, de son intégrité, de sa vie privée, de son intimité et de sa sécurité ;
- le libre choix entre les prestations adaptées qui lui sont offertes ;
- une prise en charge et un accompagnement individualisé de qualité, favorisant son développement, son autonomie et son insertion, adaptés à son âge et à ses besoins, respectant son consentement éclairé qui doit être systématiquement recherché lorsque la personne est apte à exprimer sa volonté et à participer à la décision. À défaut, le consentement de son représentant légal doit être recherché ;
- la confidentialité des informations la concernant ;

1. Extrait du préambule de la loi du 2 janvier 2002, rénovant l'action sociale et médico-sociale.

- l'accès à toute information ou document relatif à sa prise en charge ;
- une information de ses droits fondamentaux et les protections particulières légales et contractuelles dont elle bénéficie, ainsi que sur les voies de recours à sa disposition ;
- la participation directe ou avec l'aide de son représentant légal à la conception et à la mise en œuvre du projet d'accueil et d'accompagnement qui la concerne.

Afin de garantir l'exercice effectif de ses droits, il est remis à la personne ou à son représentant un livret d'accueil auquel sont annexées :

- la charte des droits et liberté des personnes ;
- le projet d'établissement ;
- le conseil de la vie sociale (rénovation du conseil d'établissement) ;
- le contrat de séjour (hébergement à temps complet ou partiel) ou document contractuel (prise en charge ambulatoire).

Pour chaque établissement ou service social ou médico-social, il est élaboré un projet d'établissement ou de service. Ce projet est établi pour une durée maximale de cinq ans après consultation du conseil de la vie sociale.

LA LOI DU 11 FÉVRIER 2005 DITE « LOI HANDICAP »[1]

> « Constitue un handicap, au sens de la présente loi, toute limitation d'activité ou restriction de participation à la vie en société subie dans son environnement par une personne en raison d'une altération substantielle, durable ou définitive d'une ou plusieurs fonctions physiques, sensorielles, mentales, cognitives ou psychiques, d'un polyhandicap ou d'un trouble de santé invalidant » (loi pour légalité des droits et des chances, la participation et la citoyenneté des personnes handicapées du 11 février 2005).

Cette loi complète la loi du 30 juin 1975, elle ne la remplace pas.

Les grandes avancées

La loi pour légalité des droits et des chances, la participation et la citoyenneté des personnes handicapées du 11 février 2005 apporte des évolutions fondamentales pour répondre aux attentes des personnes handicapées. La loi handicap met en œuvre le principe du droit à la compensation du handicap,

1. Extrait du guide *Loi handicap*, ministère de la Santé et des Solidarités, ministère délégué à la Sécurité sociale, aux Personnes âgées, aux Personnes handicapées et à la Famille, *www.handicap.gouv.fr*.

en établissement comme à domicile. La prestation de compensation couvre les besoins en aide humaine, technique ou animalière, aménagement du logement ou du véhicule, en fonction du projet de vie formulé par la personne handicapée.

La scolarité

La loi handicap reconnaît à tout enfant porteur de handicap le droit d'être inscrit en milieu ordinaire, dans l'école la plus proche de son domicile.

L'emploi

La loi handicap réaffirme l'obligation d'emploi d'au moins 6 % de travailleurs handicapés pour les entreprises de plus de vingt salariés, renforce les sanctions, crée des incitations et les étend aux employeurs publics.

L'accessibilité

La loi handicap définit les moyens de la participation des personnes handicapées à la vie de la cité. Elle crée l'obligation de mise en accessibilité des bâtiments et des transports dans un délai maximum de dix ans.

Les maisons départementales des personnes handicapées

La loi crée les maisons départementales des personnes handicapées (MDPH). Elles exercent, dans chaque département, une mission d'accueil, d'information, d'accompagnement et de conseil des personnes handicapées et de leurs proches, d'attribution des droits ainsi que de sensibilisation de tous les citoyens au handicap.

La loi du 5 mars 2007, réformant la protection de l'enfance

La loi a été promulguée le 5 mars 2007, elle a été publiée au *Journal officiel* du 6 mars 2007. Le texte définitif du projet de loi avait été adopté le 22 février 2007, l'Assemblée nationale ayant adopté sans modification le texte déjà adopté par le Sénat le 12 février 2007. Présenté en Conseil des ministres le 3 mai 2006, le projet de loi avait été adopté en première lecture par le Sénat le 21 juin 2006 et par l'Assemblée nationale le 11 janvier 2007.

Alors que la responsabilité de l'aide sociale pour l'enfance a été transférée aux conseils généraux, la loi vise à redéfinir les objectifs prioritaires en ce domaine, notamment pour répondre aux situations de violence et de maltraitance.

Trois objectifs sont affirmés :

1. *renforcer la prévention*, en essayant de détecter le plus précocement possible les situations à risque par des bilans réguliers « aux moments essentiels de développement de l'enfant » : entretiens systématisés au quatrième mois de grossesse, visite à domicile dans les premiers jours suivant la sortie de maternité, bilans systématiques à l'école maternelle, puis en primaire... ;
2. *réorganiser les procédures de signalement* : création dans chaque département d'une cellule spécialisée permettant aux professionnels liés par le secret professionnel et intervenant pour la protection de l'enfance dans les domaines sociaux, médico-sociaux ou éducatifs de mettre en commun leurs informations et d'harmoniser leurs pratiques. Hors de ces structures spécialisées la règle du secret continue de s'imposer ;
3. *diversifier les modes de prise en charge des enfants* : possibilité d'accueils ponctuels ou épisodiques hors de la famille sans pour autant qu'il s'agisse d'un placement en établissement ou en famille d'accueil.

Des amendements ont été ajoutés par le Parlement portant notamment sur l'obligation de visites médicales gratuites tous les trois ans pour les enfants entre 6 et 15 ans, l'instauration de peines de prison pour les refus de vaccination, les conditions d'audition des mineurs dans les affaires judiciaires les concernant.

EXTRAIT DE LA LOI N° 2002-73 DU 17 JANVIER 2002 DE MODERNISATION SOCIALE

NOR : MESX0000077L

L'Assemblée nationale et le Sénat ont délibéré L'Assemblée nationale a adopté Vu la décision du Conseil constitutionnel n° 2001-455 DC en date du 12 janvier 2002, Le Président de la République promulgue la loi dont la teneur suit :

[...]

Chapitre II. Développement de la formation professionnelle

Section I. Validation des acquis de l'expérience

Article 133 ♦ L'article L. 900-1 du Code du travail est complété par un alinéa ainsi rédigé :

« Toute personne engagée dans la vie active est en droit de faire valider les acquis de son expérience, notamment professionnelle, en vue de l'acquisition d'un diplôme, d'un titre à finalité professionnelle ou d'un certificat de qualification figurant sur une liste établie par la commission paritaire nationale de l'emploi d'une branche professionnelle, enregistrés dans le répertoire national des certifications professionnelles visé à l'article L. 335-6 du Code de l'éducation. Lorsque la personne en cause est salariée, elle peut bénéficier d'un congé pour validation des acquis de l'expérience dans les conditions de durée prévues à l'article L. 931-22 et selon les modalités fixées aux articles

☞

L. 931-23, L. 931-25 et L. 931-26 ainsi qu'aux premier et deuxième alinéas de l'article L. 931-24. Les conditions d'application de ces dispositions sont fixées par décret en Conseil d'État. »

Article 134 ♦ I. – Les articles L. 335-5 et L. 335-6 du Code de l'éducation sont ainsi rédigés :

« Art. L. 335-5. – I. – Les diplômes ou les titres à finalité professionnelle sont obtenus par les voies scolaire et universitaire, par l'apprentissage, par la formation professionnelle continue ou, en tout ou en partie, par la validation des acquis de l'expérience.

« La validation des acquis produit les mêmes effets que les autres modes de contrôle des connaissances et aptitudes.

« Peuvent être prises en compte, au titre de la validation, l'ensemble des compétences professionnelles acquises dans l'exercice d'une activité salariée, non salariée ou bénévole, en rapport direct avec le contenu du diplôme ou du titre. La durée minimale d'activité requise ne peut être inférieure à trois ans.

« La validation est effectuée par un jury dont la composition garantit une présence significative de représentants qualifiés des professions concernées.

« Le jury peut attribuer la totalité du diplôme ou du titre. À défaut, il se prononce sur l'étendue de la validation et, en cas de validation partielle, sur la nature des connaissances et aptitudes devant faire l'objet d'un contrôle complémentaire.

« Le jury se prononce au vu d'un dossier constitué par le candidat, à l'issue d'un entretien à son initiative ou à l'initiative du candidat et, le cas échéant, d'une mise en situation professionnelle réelle ou reconstituée, lorsque cette procédure est prévue par l'autorité qui délivre la certification.

« Un décret en Conseil d'État détermine les conditions d'application des dispositions des troisième et quatrième alinéas, notamment les règles selon lesquelles le jury est constitué. Cette composition concourt à une représentation équilibrée entre les femmes et les hommes. Il détermine également les conditions dans lesquelles il peut être dérogé aux dispositions du premier alinéa, pour des raisons tenant à la nature des diplômes ou titres en cause ou aux conditions d'exercice des professions auxquelles ils permettent d'accéder. Le jury fixe les contrôles complémentaires prévus au cinquième alinéa.

« II. – Le jury d'un diplôme ou d'un titre à finalité professionnelle délivré au nom de l'État ou par des établissements publics ayant une mission de formation peut dispenser un candidat désirant l'acquérir des titres ou diplômes requis pour le préparer. Cette dispense doit se fonder sur les compétences professionnelles acquises par le candidat.

« Art. L. 335-6. – I. – Les diplômes et titres à finalité professionnelle délivrés au nom de l'État sont créés par décret et organisés par arrêté des ministres compétents, après avis d'instances consultatives associant les organisations représentatives d'employeurs et de salariés quand elles existent, sans préjudice des dispositions des articles L. 331-1, L. 335-14, L. 613-1, L. 641-4 et L. 641-5 du présent Code et L. 811-2 et L. 813-2 du Code rural.

« II. – Il est créé un répertoire national des certifications professionnelles. Les diplômes et les titres à finalité professionnelle y sont classés par domaine d'activité et par niveau.

☞

« Les diplômes et titres à finalité professionnelle, ainsi que les certificats de qualification figurant sur une liste établie par la commission paritaire nationale de l'emploi d'une branche professionnelle, peuvent y être enregistrés, par arrêté du Premier ministre, à la demande des organismes les ayant créés et après avis de la Commission nationale de la certification professionnelle.

« Ceux qui sont délivrés au nom de l'État et créés après avis d'instances consultatives associant les organisations représentatives d'employeurs et de salariés sont enregistrés de droit dans ce répertoire.

« La Commission nationale de la certification professionnelle, placée auprès du Premier ministre, établit et actualise le répertoire national des certifications professionnelles. Elle veille au renouvellement et à l'adaptation des diplômes et titres à l'évolution des qualifications et de l'organisation du travail.

« Elle émet des recommandations à l'attention des institutions délivrant des diplômes, des titres à finalité professionnelle ou des certificats de qualification figurant sur une liste établie par la commission paritaire nationale de l'emploi d'une branche professionnelle ; en vue d'assurer l'information des particuliers et des entreprises, elle leur signale notamment les éventuelles correspondances totales ou partielles entre les certifications enregistrées dans le répertoire national, ainsi qu'entre ces dernières et d'autres certifications, notamment européennes.

« Un décret en Conseil d'État détermine les conditions d'enregistrement des diplômes et titres dans le répertoire national ainsi que la composition et les attributions de la commission. »

II. – Les titres ou diplômes inscrits sur la liste d'homologation prévue par la réglementation en vigueur à la date de promulgation de la présente loi sont enregistrés de droit dans le répertoire national des certifications professionnelles prévu à l'article L. 335-6 du Code de l'éducation pour leur durée restante de validité au titre de ladite réglementation.

Les références des textes de loi de portée générale[1]

Décrets d'application

Décret n° 2002-615 du 26.4.02 (JO du 28.4.02) pris pour l'application des articles L. 335-5 et L. 335-6 du Code de l'éducation. Relatif à la VAE pour la délivrance d'une certification professionnelle, à l'exception des diplômes et des titres de l'enseignement supérieur, délivrés au nom de l'État, par les établissements d'enseignement supérieur.

Décret n° 2002-590 du 24.4.02 (JO du 26.4.02) pris pour l'application des articles L. 613-3 et L. 613-4 du Code de l'éducation. Relatif à la VAE pour la délivrance des diplômes et des titres de l'enseignement supérieur, délivrés au nom de l'État, par les établissements d'enseignement supérieur.

1. Source : *www.vae-bn.info*.

Décret n ° 2002-529 du 16.4.02 (JO du 18.4.02) pris pour l'application des articles L. 613-1, L. 613-3 et L. 613-4 du Code de l'éducation. Relatif à la validation d'études supérieures accomplies en France ou à l'étranger.

Décret n° 2002-616 du 26.4.02 (JO du 28.4.02) pris en application des articles L. 335-6 du Code de l'éducation et L. 900-1 du Code du travail. Portant création du répertoire national des certifications professionnelles (RNCP).

Décret n° 2002-617 du 26.4.02 (JO du 28.4.02) pris en application des articles L. 335-6 du Code de l'éducation et L. 900-1 du Code du travail. Relatif à l'institution de la commission nationale de la certification professionnelle (CNCP).

Décret n° 2002-795 du 3.5.02 (JO du 5.5.02) codifié dans la partie réglementaire du Code du travail aux articles R. 931-34 à R. 931-38. Portant création d'un congé pour VAE au bénéfice des salariés.

Décret n° 2002-1029 du 2.8.02 (JO du 6.8.02) relatif aux titres professionnels, délivrés par le ministre chargé de l'emploi, accessibles par la VAE.

Décret n° 2002-1459 du 16.12.02 (JO du 18.12.02) relatif à la prise en charge par les employeurs des actions de VAE dans le cadre du plan de formation.

Décret n° 2002-1460 du 16.12.02 (JO du 18.12.02) relatif aux organismes qui assistent des candidats à une VAE et qui exercent par ailleurs une ou plusieurs autres activités : ils doivent tenir une comptabilité distincte pour les prestations de VAE.

Autres textes d'application

Arrêté du 3.5.02 (JO du 5.5.02) portant nomination du président et du rapporteur général de la Commission nationale de la certification professionnelle (CNCP).

Arrêté du 3.5.02 (JO du 5.5.02) portant nomination des membres de la Commission nationale de la certification professionnelle (CNCP).

Circulaire DGEFP n° 2002-24 du 23.4.02 (non publiée) relative la mise en place d'un dispositif d'information et de conseil sur la VAE.

Arrêté du 22.4.02 (JO du 4.5.02) relatif aux conditions de délivrance du certificat de formation professionnelle du ministère de l'emploi et de la solidarité.

Arrêté du 25.11.02 (JO du 14.12.02) précisant les conditions de délivrance, notamment par la VAE, des titres professionnels délivrés par le ministre chargé de l'emploi.

Code du travail

L. 900-1 complété (art. 133 LMS)* : droit à la VAE institué au profit de toute personne engagée dans la vie active.

L. 124-21 modifié (art. 138 LMS)* : assimilation des périodes passées par les salariés temporaires en action de VAE à des missions intérimaires.

L. 992-8 complété (art. 145 LMS)* : participation à un jury de VAE : autorisation d'absence et maintien de la rémunération des salariés désignés membres d'un jury.

L. 991-1 complété (art. 144 LMS) :* contrôle administratif et financier des moyens financiers, techniques et pédagogiques des organismes qui assistent les candidats dans leur démarche de VAE.

L. 933-2 complété (art. 142 LMS)* : négociation quinquennale obligatoire de branche sur la reconnaissance des qualifications du fait de la VAE.

L. 934-1 nouveau (art. 136 LMS) :* disposition renvoyant au Code de l'éducation le soin de régir la VAE.

Code du travail – action de VAE

L. 900-4-2 nouveau (art. 141 LMS)* :

- action de VAE ne pouvant être réalisée qu'avec le consentement obligatoire du travailleur ;
- toute information demandée au postulant doit avoir un lien direct et nécessaire avec l'objet de la VAE ;
- secret professionnel imposé à toute personne dépositaire d'informations communiquées par le candidat lors de son parcours de VAE, sous peine d'encourir un an d'emprisonnement et 15 000 euros d'amende (art. 226 Code pénal) ;
- refus d'un salarié de consentir à une action de VAE ne constitue ni une faute ni un motif de licenciement.

L. 900-2 complété (art. 140 LMS)* : au même titre que les actions de formation, les actions de VAE entrent dans le champ d'application des dispositions relatives à la FPC.

L. 951-1 modifié (art. 143 LMS)* : action de VAE imputable dans le cadre du plan de formation.

R. 950-3 modifié (décret n° 2002-1459 du 16.12.02)* : les dépenses déductibles concernent les actions de formation professionnelle continue ou de bilan de compétences ou de VAE.

R. 950-13-3 nouveau (décret n° 2002-1459 du 16.12.02)* : les actions de VAE, financées par l'employeur dans le cadre du plan, sont réalisées en application d'une convention (tripartite) conclue entre l'employeur, le salarié bénéficiaire et l'organisme ou chacun des organismes qui intervient en vue de la VAE du candidat.

R. 950-13-4 nouveau (décret n° 2002-1459 du 16.12.02)* : les dépenses réalisées par l'employeur peuvent couvrir les frais afférents à la validation organisée par l'autorité ou l'organisme habilité à délivrer une certification inscrite au répertoire national des certifications professionnelles et à l'accompagnement du candidat à la préparation de cette validation, ainsi que la rémunération des bénéficiaires dans une limite de 24 heures.

R. 950-19 modifié (décret n° 2002-1459 du 16.12.02)* : la déclaration relative à la participation au développement de la formation professionnelle continue des employeurs occupant au minimum 10 salariés doit indiquer les dépenses de VAE effectuées au bénéfice du personnel de l'entreprise ainsi que le nombre de stagiaires ayant bénéficié d'une VAE.

R. 950-20 modifié (décret n° 2002-1459 du 16.12.02)* : doivent être joints à ladite déclaration, la liste des conventions de VAE ainsi que les effectifs concernés et le montant des dépenses imputées dans le cadre du plan.

Code du travail – congé pour VAE

L. 900-1 complété (art. 133 LMS)* : institution d'un congé pour VAE au profit des salariés (les conditions et modalités du congé de VAE sont renvoyées à celles du congé de bilan de compétences, art. L. 931-21 à L. 931-26).

R. 931-34 nouveau (art. 133 LMS)* : objet du congé pour VAE : autorisation d'absence du salarié en vue de la participation aux épreuves de VAE, et le cas échéant, en vue de son accompagnement à la préparation de cette validation (montage du dossier de VAE...)

R. 931-35 nouveau (art. 133 LMS)* : régime juridique de la demande d'autorisation d'absence d'un salarié pour congé pour VAE :

- informations devant être indiquées dans la demande (certification visée, organisme qui la délivre, durée de l'action de VAE...) ;
- date du dépôt de la demande (60 jours au plus tard avant le début de l'action) ;
- délai de réponse de l'employeur (30 jours suivant la réception de la demande) ;
- obligation d'acceptation par l'employeur, sauf refus motivé pour des raisons de services ;
- durée du report de l'autorisation d'absence (6 mois maximum à compter de la demande).

R. 931-36 nouveau (art. 133 LMS)* : attestation de fréquentation effective du candidat à la VAE, aux épreuves de validation, et le cas échéant, aux séances de préparation à cette validation, fournie par l'autorité ou l'organisme habilité à délivrer la certification visée.

R. 931-37 nouveau (art. 133 LMS)* :

- délai de franchise d'un an entre deux congés pour VAE ;
- possibilité de prendre successivement un congé pour VAE et un congé individuel de formation (L. 931-1) ou congé de bilan de compétences (L. 931-1) ou congé d'enseignement recherche-innovation (L. 931-28) ou congé de formation des jeunes salariés de moins de 25 ans (L. 931-29).

R. 931-38 nouveau (art. 133 LMS)* : prise en charge des dépenses afférentes au congé pour VAE par un organisme paritaire (transport, hébergement...) et maintien de la rémunération du salarié pendant son congé pour VAE.

L. 931-22 (art. 133 LMS) :

- durée du congé pour VAE ne pouvant excéder 24 heures de temps de travail ;
- prise du congé pouvant être fractionnée (24 heures consécutives ou non).

L. 931-23 (art. 133 LMS) : assimilation de la durée du congé pour VAE à une période de travail pour la détermination des droits liés à l'ancienneté du salarié dans l'entreprise et aux congés payés.

L. 931-24, al. 1 et 2 (art. 133 LMS) : demande de prise en charge des dépenses afférentes au congé pour VAE (transport, hébergement...) adressée par le salarié à l'OPACIF compétent.

L. 931-25 (art. 133 LMS) :

- droit au maintien de la rémunération du salarié pendant son congé pour VAE (versement du salaire par l'employeur et remboursement par l'organisme paritaire compétent) ;
- prise en charge des frais afférents au congé pour VAE (transport, hébergement...) ;
- concours financier de l'État et des régions pour financer les congés pour VAE.

L. 931-26 (art. 133 LMS) :

- droit au congé pour VAE étendu aux titulaires de contrat à durée déterminée ;
- ayant au moins 24 mois d'ancienneté, consécutifs ou non, en qualité de salarié, quelle qu'ait été la nature des contrats successifs, au cours des cinq dernières années et dont quatre mois, consécutifs ou non, sous contrat de travail à durée déterminée, au cours des douze derniers mois.

L. 931-15

Droit à une rémunération versée par l'organisme paritaire (dont le montant est égal à un pourcentage du salaire moyen perçu au cours des 4 derniers mois sous contrats de travail à durée déterminée autres que les contrats d'apprentissage ou d'insertion).

Code du travail – organismes prestataires de formation

R. 991-9 nouveau (décret n° 2002-1460 du 16.12.02)* : les organismes qui assistent des candidats à une validation des acquis de l'expérience, qui exercent par ailleurs une ou plusieurs autres activités, ont obligation de tenir une comptabilité distincte pour ces activités.

R. 991-10 nouveau (décret n° 2002-1460 du 16.12.02)* : en cas de manœuvres frauduleuses mises en place pour percevoir des fonds, l'organisme et, le cas échéant, l'employeur sont seuls assujettis à un versement d'un montant égal aux sommes non dépensées ou engagées au profit du Trésor public.

Code de l'éducation

Enseignement supérieur

L. 613-1 modifié (art. 137 LMS)* : sous réserve des dispositions relatives à la VAE, les diplômes nationaux ne peuvent être délivrés qu'au vu des résultats du contrôle des connaissances et des aptitudes du candidat

L. 613-3 modifié (art. 137 LMS)* :

- objet de la VAE (1er) : justifier tout ou partie des connaissances et des aptitudes exigées pour l'obtention d'une certification ;
- certification concernée par la VAE : diplômes et titres délivrés, au nom de l'État, par un établissement d'enseignement supérieur ;
- nature de l'activité prise en compte : activité professionnelle, salariée, non salariée ou bénévole, en rapport avec l'objet de la VAE (dont les études supérieures accomplies à l'étranger) ;
- durée de l'activité prise en compte : 3 ans minimum.

L. 613-5 modifié (art. 137 LMS)* :

- objet de la VAE (2nd) : dispenser un candidat des diplômes ou titres requis pour accéder à une formation ;
- nature des acquis pris en compte : études, expériences professionnelles et acquis personnels.

L. 613-4 modifié (art. 137 LMS)* :

- composition du jury de validation ;
- modes d'évaluation : dossier et entretien, mise en situation professionnelle lorsqu'elle est prévue dans le règlement de la certification visée ;
- compétence du jury : se prononcer sur l'étendue de la validation (totale ou partielle) ;
- effet de la VAE : elle produit les mêmes effets que le succès à l'épreuve ou aux épreuves de contrôle des connaissances et des aptitudes qu'elle remplace.

L. 613-6 nouveau (art. 137 LMS)* : accès à la VAE des mères de famille et des personnes chargées de famille élevant ou ayant élevé un ou plusieurs enfants en vue de l'obtention d'un diplôme ou titre de l'enseignement supérieur et/ou de l'accès aux différents niveaux de l'enseignement supérieur, sans avoir les diplômes ou titres requis (attente d'un décret).

Enseignement supérieur et technologique

L. 641-2 modifié (art. 137 LMS)* : application de la VAE aux formations technologiques supérieures.

Enseignement secondaire, technologique et professionnel

L. 335-5-I complété (art. 134 LMS)* :

- objet de la VAE (1er) : justifier tout ou partie des connaissances et des aptitudes exigées pour l'obtention d'une certification ;
- effet de la VAE : elle produit les mêmes effets que les autres modes de contrôle des connaissances et aptitudes (voies scolaire et universitaire, apprentissage, formation professionnelle continue) ;
- certification concernée par la VAE : diplômes et titres à finalité professionnelle ;
- nature des compétences et de l'activité et des compétences prises en compte : ensemble des compétences professionnelles acquises dans l'exercice d'une activité salariée, non salariée ou bénévole, en rapport direct avec le contenu du diplôme ou du titre ;
- durée de l'activité prise en compte : 3 ans minimum ;
- composition du jury de validation ;
- compétence du jury : attribution la totalité d'un diplôme ou titre en cas de validation totale et prescription d'un contrôle complémentaire en cas de validation partielle ;
- modes d'évaluation : dossier, entretien à l'initiative du jury ou du candidat et mise en situation professionnelle lorsqu'elle est prévue dans le règlement de la certification visée ;

- possibilité de dérogations liées à la nature des diplômes et titres ou aux conditions d'accès à certaines professions.

L. 335-5-II complété (art. 134 LMS)* :

- objet de la VAE (2nd) : dispenser un candidat des diplômes ou titres requis pour accéder à une formation ;
- nature des compétences prises en compte : compétences professionnelles

Répertoire national des certifications professionnelles

L. 335-6 complété (art. 134 LMS)* :

- création d'un répertoire national des certifications professionnelles (RNCP) ;
- certifications enregistrées dans le RNCP : diplômes et titres à finalité professionnelle ainsi que les certificats de qualification ;
- pour les diplômes et titres à finalité professionnelle délivrés au nom de l'État (créés par décret et organisés par arrêté des ministres compétents, après avis d'instances consultatives) : classement par domaine d'activité et par niveau et enregistrement de droit dans le répertoire ;
- institution d'une Commission nationale de la certification professionnelle (CNCP) ;
- rôle et attributions de la commission : établir et actualiser le répertoire ; veiller au renouvellement et à l'adaptation des diplômes et titres ; émettre des recommandations à l'attention des institutions délivrant les certifications ; signaler les éventuelles correspondances totales ou partielles entre les certifications ;

Article modifié : il a été apporté une modification à un alinéa d'un article du code.

Article complété : il est inséré un nouvel alinéa dans un article du code.

Article nouveau : il est inséré un nouvel article dans le code.

Annexe 2

Adresses et sites utiles

Pour tout diplôme du travail social (sauf DEES, DEME, DEETS[1])
CNASEA
Délégation VAE, service recevabilité
15, rue Léon-Walras, CS70902
87017 Limoges CEDEX 1
0810 017 710

Pour le Cafdes
EHESP
Secrétariat VAE CAFDES
Avenue Pr. Léon-Bernard-CS74312
35043 Rennes CEDEX
02 99 02 27 00
vae.cafdes@ehesp.fr

LISTE DES RECTORATS PAR ACADÉMIE

(Demander les services VAE pour les DEES, DEME, DEETS)

Académies	Téléphones	Fax	Départements concernés
Aix-Marseille	04 42 91 70 00	04 42 26 68 03	4, 5, 13, 84
Amiens	03 22 82 38 23		2, 60, 80
Antilles-Guyane (Cayenne)	05 94 29 93 93	05 94 30 05 80	
Besançon	03 81 65 47 00	03 81 65 47 60	25, 39, 70, 90
Bordeaux	05 57 57 38 00		24, 33, 40, 47, 64
Caen	02 31 30 15 00	02 31 30 15 92	14, 50, 61

1. Services VAE des rectorats, voir liste page 208.

Clermont-Ferrand	04 73 99 30 00	04 73 99 30 07	3, 15, 43, 63
Corse (Ajaccio)	04 95 50 33 33	04 95 51 27 06	
Créteil	01 49 81 60 60	01 49 81 65 90	77, 93, 94
Dijon	03 80 44 84 00	03 80 44 88 10	21, 58, 71, 89
Grenoble	04 76 74 70 00		7, 26, 38, 73, 74
Lille	03 20 15 60 00	03 20 15 65 90	59, 62
Limoges	05 55 11 40 40	05 55 79 82 21	19, 23, 87
Lyon	04 72 80 60 60	04 72 58 54 78	1, 42, 69
Montpellier	04 67 61 47 00	04 67 60 76 15	11, 30, 34, 48, 66
Nancy-Metz	03 83 86 20 20	03 83 86 23 01	54, 55, 57, 81
Nantes	02 40 37 37 37	02 40 37 37 00	44, 49, 53, 72, 85
Nice	04 93 53 70 70	04 93 53 70 83	6, 83
Orléans-Tours	02 38 79 38 79		18, 28, 36, 37, 41, 45
Paris	01 40 46 22 11	01 40 30 12 72	
Poitiers	05 49 54 70 00	05 49 54 70 01	16, 17, 79, 86
Reims	03 26 05 69 69	03 26 05 69 42	8, 10, 51, 52
Rennes	02 99 28 78 78	02 99 28 77 72	22, 29, 35, 56
Réunion (Saint-Denis)	02 62 48 10 10		
Rouen	02 35 14 75 00		27, 76
Strasbourg	03 88 23 37 23	03 88 23 39 99	48, 67
Toulouse	05 61 36 40 00	05 61 52 80 27	9, 12, 31, 32, 46, 65, 81, 82
Versailles	01 30 83 44 44		78, 91, 92, 95

ADRESSES DES DRASS

DRASS d'Alsace
Tél. : 03 88 76 76 81
Fax. : 03 88 76 77 05
Cité Administrative
14, rue du Maréchal-Juin
67084 Strasbourg CEDEX

DRASS d'Aquitaine
Tél. : 05 57 01 95 00

Espace Rodesse
103*bis*, rue Belleville, BP 952
33063 Bordeaux CEDEX

DRASS d'Auvergne
Tél. : 04 73 74 49 00
Fax. : 04 73 90 16 05
60, av. de l'Union-Soviétique
63057 Clermont-Ferrand

DRASS de Bourgogne
Tél. : 03 80 44 30 00
Fax. : 03 80 44 30 09
11, rue de l'Hôpital, BP 1535

21035 Dijon CEDEX

DRASS de Bretagne
Tél. : 02 99 35 29 00
Les 3 Soleils
20, rue d'Isly
35042 Rennes CEDEX

DRASS du Centre
Tél. : 02 38 77 47 00
Fax. : 02 38 54 46 03
Immeuble « Le Magellan »
25, bd Jean-Jaurès
45044 Orléans CEDEX 1

DRASS de Champagne-Ardenne
Tél. : 03 26 66 78 78
Fax. : 03 26 65 57 46
7, bd Kennedy
Quartier Verbeau
51037 Châlons-en-Champagne CEDEX

DRASS de Franche-Comté
Tél. : 03 81 47 88 00
La City
3, av. Louise Michel
25044 Besançon CEDEX

DRASS d'Île-de-France
sanitaires et sociales
Tél. : 01 44 84 22 22
Fax. : 01 42 06 81 10
58-62, rue de Mouzaïa
75935 Paris CEDEX 19

DRASS du Languedoc-Roussillon
Sanitaires et sociales
Tél. : 04 67 22 89 00
615, bd d'Antigone
Angle avenue Jean-Mermoz
34064 Montpellier CEDEX

DRASS du Limousin
Tél. : 05 55 45 80 80
Fax. : 05 55 45 80 50
24, rue Donzelot
87037 Limoges CEDEX

DRASS de Lorraine
Sanitaires et sociales
Tél. : 03 83 39 29 29
Fax. : 03 83 39 29 44
Immeuble « Les Thiers »
4, rue Piroux
54036 Nancy CEDEX

DRASS de Midi-Pyrénées
Tél. : 05 62 73 93 00
71 bis, allée Jean-Jaurès
31050 Toulouse CEDEX

DRASS du Nord-Pas-de-Calais
Sanitaires et sociales
Tél. : 03 20 62 66 00
143, rue Jacquemars-Giélée, BP 2039
59014 Lille CEDEX

DRASS de Basse-Normandie
Tél. : 02 31 70 96 96
Fax : 02 31 70 97 23
Espace Claude Monet
2, place Jean-Nouzille, BP 55035
14050 Caen CEDEX 4

DRASS de Haute-Normandie
Tél. : 02 32 18 32 18
Fax. : 02 35 62 53 18
Immeuble « Le Mail »
31, rue Malouet, BP 2061
76040 Rouen CEDEX

DRASS des Pays-de-la-Loire
Tél. : 02 40 12 80 00
Maison de l'administration nouvelle

7, rue Viviani, Île Beaulieu
44062 Nantes CEDEX

DRASS de Picardie
Tél. : 03 22 82 30 00
Fax. : 03 22 82 30 01
52, rue Daire
80037 Amiens CEDEX

DRASS de Poitou-Charentes
Tél. : 05 49 42 30 00
Fax. : 05 49 44 27 23
Av Northampton
86020 Poitiers CEDEX

DRASS de Provence-Alpes-Côte-D'azur
Tél. : 0820 420 821
Fax : 04 91 78 43 82
23-25, rue Borde
13008 Marseille

DRASS de Rhône-Alpes
Tél. : 04 72 34 31 32
Fax. : 04 78 62 85 41
107, rue Servient
69418 Lyon CEDEX 03

DRASS d'Antilles-Guyane
Tél. : 05 96 59 01 41
Fax. : 05 96 60 97 96
Centre Delarès
Hauts de Dillion, BP 656
97263 Fort-de-France CEDEX

DRASS de La Réunion
Tél. : 0 262 48 60 60
2*bis*, av. Georges-Brassens, BP 9
97408 Saint-Denis-Messag CEDEX 9

Direction de la Solidarité et de la Santé de Corse et de la Corse-du-Sud
Tél. : 04 95 51 40 40
Fax. : 04 95 51 29 89
Fax. : 04 95 21 16 45
2, rue Rossi, BP 413
20305 Ajaccio CEDEX 1

SITES UTILES

Gouvernement, ministères
www.vae.gouv.fr

Éducation nationale
www.education.gouv.fr

Ministère de la Santé
www.sante.gouv.fr

EDUSCOL
eduscol.education.fr

ONISEP
www.onisep.fr

Missions locales
www.mission-locale.fr

Centre de bilan de compétences
www.cibc.net

ANPE
www.anpe.fr

UNIFAF
www.unifaf.fr

UNIFORMATION
www.uniformation.

ANFH
www.anfh.asso.

Annexe 3

Glossaire[1]

Accompagnement (dans la procédure VAE)
Aide méthodologique apportée au candidat à la VAE, après l'étape de la recevabilité, pour décrire son expérience professionnelle, constituer son dossier auprès du certificateur, préparer l'entretien avec le jury et éventuellement la mise en situation professionnelle. C'est une mesure facultative qui offre au candidat des chances supplémentaires d'aller jusqu'au bout de sa démarche.

Acquis
Ensemble des savoirs et savoir-faire dont une personne manifeste la maîtrise dans une activité professionnelle, sociale ou de formation. Les acquis exigés pour suivre une formation constituent les pré-requis (Afnor NF X 50-750).

Bénévolat
Le bénévolat correspond à la situation d'une personne qui s'engage librement pour mener, en direction d'autrui, une activité non rémunérée en dehors de son activité professionnelle ou familiale. L'expérience bénévole peut être réalisée notamment au sein d'une association ou d'un syndicat

CA
Contrat d'avenir.

CAE
Contrat d'accompagnement dans l'emploi.

Certification
Opération et/ou document qui authentifie les compétences et savoir-faire d'un individu par rapport à une norme formalisée par un référentiel. Lorsque cette norme concerne une qualification professionnelle, la certification renvoie à un diplôme, un titre ou un certificat de qualification professionnelle. Officialiser la réglementation liée à leur délivrance confère au document délivré une valeur juridique incontestable.

1. Source : *www.vae.gouv.fr* (site officiel de la VAE).

CIE
Contrat initiative emploi.

CIF
Congé individuel de formation.

CIRMA
Contrat d'insertion revenu minimum d'activité.

CIVIS
Contrat d'insertion dans la vie sociale.

CNASEA
Centre national pour l'aménagement des structures des établissements agricoles ; établissement public national sous la tutelle du ministère chargé de l'agriculture et du ministère chargé de l'emploi. Opérateur de la VAE pour le traitement administratif des diplômes de travail social et des diplômes de santé délivrés par les DRASS et ouverts à la VAE

Commission nationale de la certification professionnelle (CNCP)
La Commission nationale de la certification professionnelle établit et actualise le répertoire national des certifications professionnelles (RNCP). Parmi ses différentes missions, elle s'assure de la qualité de l'information en direction des personnes et des entreprises sur les certifications inscrites dans ce répertoire et sur les certifications reconnues dans les États membres de l'Union européenne.

Congé pour VAE
Droit ouvert dans le Code du travail et dans les textes relatifs au statut des fonctionnaires des trois fonctions publiques. Il permet à tout salarié ou agent public de bénéficier d'une absence rémunérée en vue de réaliser une VAE. La durée est limitée à vingt-quatre heures de temps de travail consécutives ou non.

Certificat de qualification professionnelle (CQP)
Un CQP est un document écrit, créé et délivré sous la responsabilité d'une commission paritaire nationale pour l'emploi (CPNE) de branche, parfois reconnu dans les conventions collectives de la branche. Il atteste de la maîtrise par un individu de capacités et de compétences requises par un emploi ou un métier de la branche.

DAVA
Délégation académique à la validation des acquis (ministère de l'Éducation nationale).

DDTEFP
Délégation départementale du travail, de l'emploi et de la formation professionnelle.

DIF
Droit individuel à la formation.

DRAM
Délégation régionale aux affaires maritimes.

DRASS
Direction régionale des affaires sanitaires et sociales.

DRJS
Délégation régionale à la jeunesse et aux sports.

DRTEFP
Délégation régionale du travail, de l'emploi et de la formation professionnelle.

Diplôme
Document écrit établissant un privilège ou un droit ayant une dimension juridique. Il conditionne parfois l'accès à certaines professions et à certaines formations ou concours. Cette appellation concerne essentiellement les titres délivrés par et sous le contrôle du ministère en charge de l'éducation nationale (diplômes nationaux ou diplômes délivrés par des établissements privés ou consulaires et revêtus d'un « visa » ministériel en application de l'arrêté du 15 février 1921 de la loi sur l'Enseignement professionnel) mais aussi de certains ministères dans le cadre notamment des professions ou activités réglementées (diplôme d'État). Il reconnaît au titulaire un niveau de capacité vérifié (AFNOR NF X-750).

DRAC
Direction régionale de l'action culturelle.

FONGECIF
Fonds de gestion du congé individuel de formation dont le rôle est le financement du CIF.

Jury de validation
Instance désignée par les textes officiels en vigueur pour la validation des acquis de l'expérience, qui est seule habilitée à octroyer des unités ou un diplôme complet, à la suite de l'analyse des acquis issus de l'expérience d'une personne.

Modalités de validation
Procédures d'évaluation permettant la délivrance des certifications.

OPACIF
Organisme paritaire agréé qui collecte et mutualise les contributions des entreprises, destinées au financement du congé individuel de formation. Les OPACIF comprennent des organismes nationaux de branche (OPCA et FAF), les FONGECIF et les AGECIF.

OPCA
Organisme paritaire collecteur agréé qui mutualise les contributions obligatoires des entreprises à la formation professionnelle continue. Les OPCA sont généralement spécialisés par branche d'activité mais il en existe d'interprofessionnels. Ils peuvent être nationaux ou régionaux.

Plan de formation
Traduction opérationnelle et budgétaire des choix d'une entreprise pour développer la compétence individuelle et collective des salariés. Le plan de formation, non défini légalement, correspond à l'ensemble des formations décidées par l'employeur et nécessaires à l'adaptation à l'emploi de ses salariés.

Recevabilité de la demande de VAE
La personne qui souhaite faire valider les acquis de son expérience, pour obtenir une certification, doit en faire la demande auprès de l'organisme certificateur. À cette fin, elle présente un dossier de candidature. La décision de recevabilité de la demande est prononcée au vu des informations et des pièces fournies par le demandeur dans son dossier. La demande peut être déclarée recevable si le demandeur peut justifier d'au moins trois années d'activités en rapport direct avec la certification visée.

Reconnaissance des acquis
Prise en compte du capital de formation et d'expériences qu'un individu peut prouver pour lui-même et pour autrui. La reconnaissance des acquis n'a pas valeur de validation. Attestation (ou certificat) délivré par un organisme de formation ou une entreprise, qui fait état des connaissances et compétences acquises par un individu, à la faveur d'expériences professionnelles, sociales ou de formation. Ces acquis peuvent être consignés dans un document de type bilan ou portefeuille.

Référentiel des activités professionnelles
Document descriptif du contenu des fonctions et/ou activités et des tâches composant un métier et ou un emploi type. Il précise leur mode de réalisation, les conditions d'exercice, les buts, objectifs ou finalités visés. Cette description regroupe l'analyse de situations professionnelles suffisamment proches pour constituer une entité, et constitutives d'un emploi ou d'un métier générique d'un ou plusieurs secteurs professionnels. Ce référentiel décrit un emploi et non des compétences.

Référentiel d'un diplôme ou d'un titre
Un référentiel est un document officiel qui fait l'inventaire des activités ou fonctions qui composent soit un métier soit un emploi type et qui articule celles-ci avec les compétences professionnelles, capacités et savoirs exigés dont la maîtrise est nécessaire pour l'obtention d'un diplôme ou d'un titre.

Référentiel de certification (diplôme, titre, CQP...)
Document qui fait, avec précision, l'inventaire des compétences, capacités, et savoirs exigés pour l'obtention du diplôme visé. Il indique ce qu'il faut évaluer, la manière et les mesures de l'évaluation. Il précise les situations dans lesquelles celles-ci peuvent être appréciées, les niveaux à atteindre, les

critères de réussite, qui permettent de déterminer le niveau atteint ou de situer la performance du formé. Ce référentiel n'est pas un programme de formation mais un instrument de mesure des acquis.

Répertoire national des certifications professionnelles (RNCP)
Le répertoire national des certifications professionnelles a pour objectif de tenir à la disposition des personnes et des entreprises une information constamment à jour sur les diplômes et les titres à finalité professionnelle ainsi que sur les certificats de qualification figurant sur les listes établies par les commissions paritaires nationales de l'emploi des branches professionnelles. La consultation du répertoire permettra de savoir si une certification bénéficie de la reconnaissance de l'État, de connaître le niveau de qualification certifié par le diplôme, titre ou certificat, d'obtenir des informations sur le(s) secteur(s) d'activités, les types d'emplois accessibles par le titulaire du titre, diplôme ou certificat les modalités d'accès à la certification officiellement reconnues (formation initiale, formation continue, validation des acquis de l'expérience) les possibilités d'accès à d'autres certifications...

Titre à finalité professionnelle
Les titres professionnels sont les certificats délivrés par le ministre chargé de l'emploi, qui atteste que son titulaire maîtrise les compétences, aptitudes et connaissances permettant l'exercice d'activités professionnelles qualifiées.

Validation des acquis
Procédure entreprise en vue d'une reconnaissance institutionnelle des acquis. Acte officiel par lequel des acquis sont reconnus. (Afnor-NFX 50-750-1)
Opération visant à attribuer une valeur aux acquis d'un individu par rapport à une norme préalablement définie (certification) et selon des moyens codifiés à l'avance. Cette opération est finalisée par l'attestation de cette valeur, établie par une autorité compétente habilitée par l'État. Elle aboutit à la délivrance de certifications.

Volontariat
La loi relative au volontariat associatif promulguée le 23 mai 2006 a créé un nouveau statut de volontariat et donc un nouveau contrat écrit qui organise une collaboration entre l'organisme agrée (une association, une fondation, une union ou une fédération d'associations) et la personne volontaire. Un volontaire est une personne qui, pour un temps de sa vie, se consacre exclusivement et de façon désintéressée à un projet associatif d'intérêt général. Le volontaire n'est pas un bénévole : son engagement est formalisé par un contrat passé avec l'association et est exclusif de toute autre activité rémunérée. Ce n'est pas non plus un salarié car son engagement n'a pas de caractère professionnel et il ne perçoit pas de rémunération.

PYRAMIDE DES BESOINS DITE DE MASLOW

Accomplissement personnel
Par ordre de priorité :
maîtrise, croissance, personnelle, prise de conscience
de son potentiel et développement de celui-ci ;
satisfaction métaphysique

Estime de soi
Par ordre de priorité :
respect, confiance en soi ;
respect, confiance de la part des autres ; compétence,
maîtrise ; importance, influence ; indépendance, autonomie.

Estime des autres
Par ordre de priorité :
respect, confiance en soi ; respect, confiance de la part des autres ;
compétence, maîtrise ; importance, influence ; indépendance, autonomie.

Amour, appartenance
(selon les modalités active et passive)
Par ordre de priorité :
amour, affection donnés et reçus ; relations et communications
chaleureuses, mais aussi possibilité de sentiments négatifs (haine,
rejet...) sans culpabilité ; être accepté, s'accepter ; appartenance à un groupe.

Sécurité
Par ordre de priorité :
absence de danger physique ; protection vis-à-vis de la douleur,
absence de menaces psychologiques (angoisse, peur, abandon...) ; stabilité,
dépendance, possibilité de prévoir, ordre, habitudes, rites, repères temporo-spatiaux.

Physiologique
Par ordre de priorité :
respirer, boire, manger, éliminer, maintenir
la température, sommeil, activité, mobilité, repos, hygiène, sexualité

La pyramide des besoins schématise une théorie élaborée à partir des observations réalisées en 1943 par le psychologue Abraham Maslow. La pyramide est constituée de cinq niveaux. Selon Maslow, nous recherchons d'abord, à satisfaire chaque besoin d'un niveau donné avant de penser aux besoins situés au niveau immédiatement supérieur de la pyramide. On recherche par exemple à satisfaire les besoins physiologiques avant les besoins de sécurité.

051744 - (I) - (1,5) - OSB 100° - CPW - CDD

Imprimerie Nouvelle
45800 Saint-Jean de Braye
N° d'Imprimeur : 426076P
Dépôt légal : aout 2008

Imprimé en France